SCHWESTER GISELA IBELE

100
Himmlische
Gedanken

W0193164

SCHWESTER GISELA IBELE

100 Himmlische Gedanken

Atempausen für die Seele

HERDER

FREIBURG · BASEL · WIEN

Inhalt

....

Liebe Leserin, lieber Leser!

....

Frauen haben es bekanntlich schwer mit dem Einkauf von Schuhen. Eine Statistik aus dem Jahr 2006 belegt, dass Frauen für die Anprobe und den Kauf von Schuhen über 40 Stunden Zeit im Jahr investieren. Männer stehen den Frauen im Kauf eines Neuwagens gewiss nicht nach. Wir brauchen Auswahl, um das Passende zu finden. Dieses vorliegende Buch mit hundert himmlischen Gedanken bietet Ihnen eine Auswahl – doch für was?

Am Leben zu sein ist eine einmalige geschenkte Chance. Seit der Empfängnis tragen wir das Leben als ein wertvolles Kapital, das wir mit unseren Gedanken, unserem Lebensstil, unserer Ernährung und unseren Einstellungen zur Entfaltung bringen können. Um in unserem einzigartigen Leben glücklich zu sein, bedarf es einer umfassenden Pflege.

Lernen Sie, sich mit sich selbst zu beschäftigen. Das hat zunächst gar nichts mit Egoismus zu tun. Die Sorge für sich selbst ist die Voraussetzung dafür, dass wir uns in unserer eigenen Haut wohlfühlen. Und wer möchte das schon nicht?

Wenn man sich in seiner Haut wohlfühlt, profitiert auch das Verhalten ganz allgemein. Die Haut ist unser Aushängeschild. Wir erröten, wir werden blass, wir haben Gänsehaut, unsere Haut enthüllt unseren Gemütszustand, ob uns das gefällt oder nicht. So wie die Haut ein Bild von uns abgibt, tun es auch die anderen (Sinnes-)Organe.

Ständig stehen wir mit den Organen im Austausch – „intern" und „extern". Es lohnt sich, mit den Augen nicht nur in die Welt hinauszuschauen, sondern mit ihnen wie durch eine Tür auch die Innenwelt zu betreten und sie zu gestalten. Unsere Umgebung spürt, ob wir authentisch und ausgeglichen sind oder ob wir ständig dem eigenen Ich weglaufen, genervt und gereizt sind. Einen guten Lebensstil kann man lernen. Es reicht nicht, begabt, kraftvoll und gebildet zu sein. Die Fähigkeit, Emotionen wahrzunehmen und sie angemessen auszudrücken, ist genauso wichtig wie die Fähigkeit, zu verzeihen, zu lieben, sich ausgewogen zu ernähren, ausreichend zu schlafen und glücklich zu sein.

Wir haben keinen Einfluss auf unsere genetischen Gegebenheiten und auf unser Alter. Wir sind Teil der Gesellschaft und tragen auch mit an der Umweltverschmutzung, der Verschuldung und dem Werteverlust unserer Zeit. Deshalb müssen wir in unserer gestressten Welt, die von der Nutzbarkeit regiert wird, die Sehnsucht nach dem inneren Gleichgewicht wachhalten. Wie soll das gehen?

Unser Leben ist wie ein Symbol, das mehr ist, als wir heute spüren, wissen und sind. Im Gehen erfahren wir unser Leben als Weg, der geheimnisvoll und letztlich nicht bekannt ist. Für den Künstler Roland Peter Litzenburger war das menschliche Leben ein Bild, nicht vollkommen, aber voller Fantasie. Ein Bild entsteht im Auge des Betrachters und lässt vieles offen, im Betrachten wird es lebendig; es entstehen Zusammenhänge, Botschaften und Beziehungen.

Entdecken Sie Ihr Leben als ein unfertiges Bild. Nehmen Sie die ausgewählten Texte als Farbtupfer für Ihren eigenen Lebensentwurf und gestalten Sie damit Ihr Selbstbild. Gehen Sie unter die Maler und lassen Sie sich dabei Zeit! Vertrauen Sie Ihrer schöpferischen Kraft und Ihrer einmaligen Lebens- und Liebesgeschichte. Gerade im kreativen Tun spüren wir unsere Lebendigkeit besonders intensiv.

Ich wünsche Ihnen dazu einen ruhigen Ort, ab und an auch eine einsame Stunde und immer die Gewissheit, dass Ihr Leben unabhängig von eigener Leistung und Versagen getragen ist von einer unendlich wohlwollenden und heilenden Liebe.

Ihre Schwester Gisela

Das Glück liegt
mittendrin

Himmlische Gedanken zur Lebenskunst

1

Vertrauen Sie auf die Kraft, die in Ihnen steckt

....

„Wo etwas gelingen soll, braucht es Geduld"

Warte auf das Wunder – wie der Gärtner auf das Frühjahr (Antoine de Saint-Exupéry, französischer Schriftsteller). Jeder von uns hat doch eine Lieblingsblume mit einer tollen Farbe oder einem einzigartigen Duft: Ist Ihre Blume die – sprichwörtlich gesehen – bis in den Himmel wachsende Sonnenblume? Oder vielleicht die Rose, die ihre Knospen öffnet? Ich finde, es ist so: Wenn wir den Mut haben, uns wie eine Blüte dem Leben und der Liebe zu öffnen, dann spüren wir automatisch Vertrauen. In uns und in das Leben. Mit diesem Vertrauen entwickeln viele Menschen geradezu einzigartige Herzenskräfte. Aber das Wunder des Vertrauens kann nur derjenige beobachten, der darauf wartet. Leider tun wir uns in der heutigen schnelllebigen Welt mit dem Warten so schwer. Wir meinen, alles müsse in möglichst kurzer Zeit vollbracht werden. Haben Sie Geduld – dann kann das Wunder kommen.

2

Leben mit wachen Sinnen

....

Wer in sein Inneres schaut, nimmt seine Seele besser wahr

Als Kinder haben wir instinktiv gelernt, unsere Welt nicht nur anzuschauen, sondern auch zu fühlen. Darum stecken Babys vieles in den Mund, schmecken und schnuppern daran. Irgendwann hat man uns dann beigebracht, dass diese vielseitigen sinnlichen Erfahrungen nicht anständig sind. Und so sehen wir die Welt eben „nur" mit den Augen. Dabei sind unsere fünf Sinne, wenn wir sie „alle beieinanderhaben", ein großer Reichtum. Die Sinne sind wie Türen – in unser Inneres! Schließen Sie die Augen und schauen Sie in sich hinein: Welche Farben sind da? Welche Gefühle, welche Bilder? Malen Sie ein inneres Bild Ihrer Lieblingslandschaft und entspannen Sie sich dabei. Denn je wacher die Sinne, desto wacher auch der Geist. Ich wünsche Ihnen viele solcher wachen Momente!

3
Die Kunst, zufrieden zu sein

....

Von der Kraft der guten Gedanken

Ich schaue oft in den Himmel und denke darüber nach, wie unendlich weit doch die Welt ist. Ich spüre dabei Frieden und Freiheit tief in meinem Herzen. Leider werden diese Gefühle durch äußere Einflüsse viel zu schnell wieder zerstört. Dann machen sich Engstirnigkeit, Misstrauen oder Ängste in mir breit. Sie schnüren mir manchmal die Kehle zu. Aber ich weiß: Friede im Herzen zu tragen ist ein Geschenk Gottes. Wir sollten behutsam mit ihm umgehen. Das Gute ist: Es liegt allein an Ihnen, ob Sie in Frieden leben wollen oder nicht. Mein persönlicher Tipp: Überwinden Sie die schlechten Gedanken und Gefühle in Ihrem Herzen. Das ist der innere Frieden wirklich wert, finde ich.

4
Verzeihen Sie auch sich selbst!

....

Sich zu blamieren ist menschlich

Manchmal möchten wir am liebsten im Boden versinken. Wenn wir uns blamieren, reagiert der ganze Körper: Die Haut läuft rot an, die Knie schlottern, und es zieht uns den Boden unter den Füßen weg… Wir gehen mit uns selbst ins Gericht: Muss das ausgerechnet mir passieren? Dabei wissen wir, eine Blamage ist menschlich. Was ist in diesem Augenblick zu tun? Seien Sie barmherzig zu sich und verzeihen Sie. Lassen Sie die Situation innerlich los. Gerade wenn ich mich blamiere, brauche ich Zuwendung und die Sicherheit, dass ich geliebt werde und angenommen bin. Vielleicht können Sie daran glauben, dass einer da ist, der die Zeit in guten Händen hält und auch Sie trägt, wenn Sie Ihren Stand gerade nicht spüren.

5
Hören, wie das Leben klingt

....

Lauschen auf die Melodien des Lebens

Wenn ich meine Klangschale auf den Bauch lege und sie zum Klingen bringe, dann kann ich die Töne nicht nur mit den Ohren hören – ich spüre sie auch. Wohltuend wandern die Klangwellen unter die Haut und bringen alle Körperzellen zum Schwingen – eine Massage, die das Gefühl der Leichtigkeit vermittelt. Wir brauchen Räume, in denen der Klang klingen darf und Erfahrungen ein Echo finden. Leider ist unsere Welt ziemlich echolos geworden. Kaum verklingt ein Wort, kommt schon gleich das nächste. Wie gut tut es da, den Tönen der Natur zu lauschen: Vogelkonzerte, Bachrauschen. Hören Sie darauf: Sie werden die entspannende Wirkung spüren!

6
Ebbe und Flut

....

Zeit ist Geld? Von wegen!

Zeit wurde erschaffen. Deswegen ist sie irdisch
und vergänglich. Aber sie ist auch ein Geschenk,
das nicht mit Geld aufzuwiegen ist. Nichts bleibt,
wie es ist, alles erfährt den Kreislauf der Verwand-
lung. Mit meiner Geburt hat der Zeit-Kreislauf
des Sterbens begonnen. Im Leben prallen dann
Hektik und Stille, sich bereichern und loslassen
meist massiv aufeinander. „Unruhig ist unser
Herz, bis es Ruhe findet in dir, Gott." So formuliert
Augustinus seine Sehnsucht nach Ruhe und nach
dem Gefühl der Zeitlosigkeit, der Unendlichkeit.
Gilt dieses Wort auch für mich? Immer wieder
erfahre ich Momente des Glücks, in denen ich
das Zeitgefühl total verliere. Dann fühle ich mich
tatsächlich wie „im Himmel". Was bleiben will, das
muss sich auch ändern. So wie die schwingende
Brücke, so wie der Baum im Wechsel der Jahreszeiten oder so wie das Meer bei Ebbe und Flut.

7
Sehnsucht nach Natur

....

Schmecken, was glücklich macht

Bewundern Sie auch Menschen, die bei einer Wanderung Kräuter und Bergblumen benennen können und deren Heilkraft kennen? Tief im Innern sehnen wir uns alle nach der Zeit, als wir noch eng mit der Natur verbunden waren. Und holen uns das Gefühl zurück, indem wir Wildfrüchte essen oder Teekräuter sammeln. Es macht Freude, aus jungen Brennnesseln Spinat zu kochen, Hagebutten zu sammeln, wilde Hopfentriebe wie Spargel zuzubereiten, aus Johanniskrautblüten heilkräftiges Rotöl zu machen … Haben Sie eigentlich schon mal selbst gemachten Holunderblüten-Sirup probiert? Einfach zwei bis vier Blütendolden in 1,5 Liter Wasser einlegen, vier Bio-Zitronen in dünnen Scheiben ohne Kerne zugeben, dazu noch extra Zitronensaft. Alles zwei Tage ziehen lassen. Dann seihen Sie das Ganze ab, kochen es mit einem Kilo Zucker auf und lassen es erkalten. Mit kühlem Wasser oder Sprudel ist dieser Sirup ein echter Naturgenuss!

8

Tief durchatmen

....

Zu Hause im Rhythmus des Herzens

Es gibt Räume im Leben, in denen es schwerfällt,
ruhig und tief durchzuatmen. Man sagt, das nimmt
mir den Atem. Und es gibt Räume oder auch
Menschen, in deren Nähe es leichtfällt, aufzuat-
men. Wir Menschen sehnen uns danach, Über-
einstimmung zu spüren: zwischen dem eigenen
Befinden, dem Pulsschlag und unserem Atem. Das
Atmen ist ein beständiges Fließen: zwischen Ein
und Aus, zwischen Erfülltsein und Leerwerden,
zwischen Leben und Tod. Wenn wir mal ruhig
dasitzen und den Atemrhythmus beobachten,
fangen die Gedanken an zu fließen. Im eigenen
Rhythmus zu Hause zu sein, ist wie ein Stück
Ewigkeit. Das Atmen geht ohne Anstrengung, es
ist tief. Ich wünsche Ihnen einen fließenden Atem.

9
Auf die Töne des Lebens achten

....

Vom Geräusch des Wassertropfens

Der japanische Dichter Sen no Rikyu (1522–1591) gibt uns einen einfachen Wellness-Tipp: „Wenn du das Geräusch der Wassertropfen hörst, die in eine Schale fallen, wirst du fühlen, wie der Staub aus deinem Geist weggespült wird." Bei meiner morgendlichen Dusche fällt mir dieser Gedanke oft ein. Ich lasse das Nass über meine Haut perlen und stelle mir vor, wie dieses quicklebendige Element nicht nur Schlaf aus meinem Gesicht wäscht, sondern auch meine Seele erfrischt. Sie mögen sagen: Was ist schon ein einzelner Wassertropfen? Im Alltag schenken wir ihm kaum Beachtung. Aber: Wenn ich einem Wassertropfen zuhöre und über seine Kraft staune, dann kann ich auch meine Innenwelt hören. Mein drittes Ohr, das des Herzens, nimmt so die Töne des Lebens wahr. Achten Sie mal drauf!

10

Wenn alles zu viel wird

....

Entschleunigungs-Tipp

Die deutsche Sprache ist ja sehr erfinderisch, wenn es um Gefühle geht. „Mir steht das Wasser bis zum Hals" – „Ich habe die Nase voll" – „Ich bekomme keine Luft mehr zum Atmen". Sie kennen sicher viele von diesen Sprüchen. Belastungen engen ein, deswegen spüren wir den Stress vor allem im Hals. Wir atmen kurz und oberflächlich, der Hals wird eng – so eng, dass ich das Gefühl habe, gar nicht mehr frei atmen zu können. Da hilft nur eines: die Weite suchen, tief durchatmen! Der Atem beeinflusst unser vegetatives Nervensystem, mit ihm finden wir zur Ruhe. Suchen Sie sich einen ruhigen Standort, stehen Sie locker und entspannt auf beiden Beinen, schließen Sie die Augen. Konzentrieren Sie sich, verlagern Sie Ihr Körpergewicht auf je ein Bein. Atmen Sie ruhig und regelmäßig. Sie werden spüren: In dieser Konzentrationsübung verfliegen Ihr Stress und Ihre Anspannung – und Sie können das tolle Körpergefühl, bei sich zu sein, richtig genießen.

11

Wenn der Kopf leer ist …

Eine Reise in die Fantasie

Das Gefühl „Mir reicht's!" kennt wohl jeder. Dann braucht der Kopf mal eine Pause, und es meldet sich die Sehnsucht nach Urlaub oder wenigstens einer schöpferischen Auszeit. Wie schön wäre es doch, im warmen Sand oder auf der grünen Wiese zu liegen und den Wolkenbildern zuzuschauen, sich Fantasien hinzugeben. Die sind etwas Mitreißendes. Diese Fähigkeit des Menschen, Gedankenflüge unternehmen zu können, andere Welten zu besuchen, ist heilsam. Wenn wir unserer fantastischen Kraft mehr trauen, können wir auch wieder kreativer leben. Kreativität meint nichts anderes, als dass Ideen, Vorstellungen und Einfälle auch verwirklicht werden. Tief im Inneren wissen wir: Ich bin kreativ. Wir sollten uns solche Auszeiten ruhig öfter gönnen …

12

Ins Kino gehen

....

Über die Liebe zum Filmtheater

„Keiner kann raus aus seiner eigenen Haut" – den Spruch kennen Sie doch sicher auch. Diese Erfahrung macht jeder einmal. Dabei erfährt es fast jeder von uns als persönliches Bedürfnis, immer mal wieder auszubrechen. Mal ausbrechen – wovon? Nun, zum Beispiel aus vorgegebenen Mustern oder aus Pflicht und Struktur. Oder aber einfach aus dem Bewusstsein, dass die anderen mich kennen mit all meinen Ecken und Kanten, mit meinen Liebenswürdigkeiten und auch mit meinen Unannehmlichkeiten. Da gehe ich doch grad mal gern ins Kino. Warum? Irgendwie gelingt mir dort der Kleiderwechsel. Ich halte mich in einer anderen Welt auf und vergesse für ein paar Stunden meine eigene kleine Welt. Gewiss wird sie dann hinterher wieder viel sympathischer. Warum also nicht mal wieder ins Kino?

13

Wer nicht nur auf die Uhr schaut, lebt gesünder

....

Ein Rezept gegen Stress

Zugegeben: Auch ich stöhne manchmal: „Wo bleibt nur meine Zeit?" Dabei weiß ich, dass jeder Mensch selbst Einfluss darauf hat, wie schnell sie vergeht. Zeit entsteht durch Veränderungen: Lichtwellen beim Sehen, Luftschwingungen beim Hören, ein Geräusch, ein Ticken. Erst wenn ich darauf achte, erfahre ich Zeit als Inhalt. So haben Menschen, die sich in der Arbeit als fremdbestimmt erleben, das Gefühl, dass sie keine Zeit haben und im Stress sind. Wer etwas aus eigenem Antrieb heraus tut, erlebt die Zeit dagegen als erfüllt. Menschen, die „die Zeit öfter mal vergessen", sind glücklicher und gesünder. Also: Schauen Sie heute nicht auf die Uhr. Vielleicht tun Sie ganz neue Dinge, die Sie schon längst mal hätten tun sollen.

14

Innerer Hausputz

....

Nicht „aus dem Häuschen" sein

Manchmal gibt es Momente, da sind wir im Stress.
Und dann macht auch noch irgendjemand eine
Bemerkung, die uns aus dem inneren Gleichgewicht bringt. Das kann uns für den Moment
sogar die Freude am Leben nehmen. Wenn ich
mich in meinem inneren Haus nicht wohlfühle
und nicht „bei mir zu Hause" bin, bin ich „außer
Haus" oder wie das Sprichwort sagt: „Ich bin total
aus dem Häuschen!" Meine Seele und mein Leib
bedürfen aber einer Wohnung, die mir Sicherheit und Heimat gibt. Ohne Wohnung bin ich
heimatlos, vielleicht sogar obdachlos. Ich kann
mir für heute vornehmen, mein inneres Haus
aufzuräumen. Und einen süßen, wohligen Duft
der Liebe zu verströmen, eine warme Atmosphäre
der Gemütlichkeit und der Ruhe zu verbreiten.
Und das Beste: Als Ehrengäste will ich die Freude,
den Frieden und die Bescheidenheit einladen.

15

Einmal am Tag frei wie ein Adler sein

....

Wer Stress hat, muss auch Pausen einlegen

So wie ein Adler sich erheben kann und völlig unabhängig über den Dingen schwebt – so stelle ich mir eine Atempause mitten in meinem Alltag vor. In unserer modernen Zeit ist es ja üblich, unentbehrlich zu sein: „Burn-out" oder einfach „den Alltag satthaben" – diese Worte kennen wir doch alle … Ich finde, dass es umso wichtiger ist, für Unterbrechungen zu sorgen. Pausen einzulegen, um Luft zu holen. Gönnen Sie sich mitten im Stress etwas Gutes. Spannen Sie die Schwingen Ihrer Seele weit und nehmen Sie das, was Sie bedrückt, für ein paar Minuten nicht so wichtig. Das gibt auch wieder Mut zu neuen Ideen. Mir hilft beim Entspannen auch das Betrachten einer Sanduhr. Der Sand rieselt in seiner eigenen Geschwindigkeit, so wie auch meine Gedanken ihre eigene Zeit haben. Ich wünsche Ihnen eine ungestörte Atempause!

16

Siesta tut gut

....

Über den Erholungswert eines Mittagsschläfchens

Das ist Ihnen bestimmt auch schon aufgefallen: In Mittelmeerländern sind um die Mittagszeit auf den Straßen fast keine Menschen zu sehen. Vielleicht ein paar Deutsche, aber die Einheimischen wissen um den Gewinn eines Mittagsschlafes. Ein Päuschen tut gut und ist gesund, das beweisen zahlreiche Studien. Jeder Mensch braucht zwei Schlafphasen: eine lange in der Nacht und eine kurze am frühen Nachmittag. Denn gegen 13 Uhr überfällt uns ein Leistungstief – und genau da hilft ein kurzes Nickerchen, um wieder frisch und munter zu werden. Allerdings darf der Mittagsschlaf nicht zu lange gehen, ruhen Sie nicht länger als etwa 15 bis 20 Minuten. Hinterher ein paar leichte Lockerungsübungen, und man ist wieder fit. Die neue Leistungskurve am Nachmittag kann uns wieder motivieren und begeistern.

17

Mittendrin liegt das Glück

....

Kaffeeduft, ein Lächeln, ein Wort des Trostes ...

Mittendrin im Alltag eine Auszeit nehmen, sich
ein paar Minuten das Nichtstun gönnen oder den
Kaffeeduft ganz tief einatmen. Mittendrin in einer
anonymen Warteschlange einen lieben Menschen
entdecken, anlächeln und Glück spüren. Mittendrin im Schmerz ein Wort des Trostes hören
und die Hand einer liebenden Berührung spüren.
Mittendrin im Nachthimmel einen Stern beim
Namen nennen und mit ihm reden. Mittendrin im
Schneegestöber die Zunge rausstrecken und die
kleinen weißen Flocken darauf zergehen lassen.
Mittendrin im Auf und Ab des Lebens wie ein Kind
an nichts denken und nur mal spielen. Mittendrin
wissen, dass das Leben Ewigkeit atmet. Denken
Sie mal wieder daran: Das Glück ist mittendrin!

18

Wie zufrieden bin ich?

....

Innerer Frieden gibt uns schöpferische Kraft

Unzufriedenheit kann man bei anderen Menschen
am Aussehen und Verhalten erkennen. Extro-
vertierte Menschen sind oft schlecht gelaunt und
unruhig, antworten kurz und bissig. In sich gekehr-
te Menschen sind zurückgezogen, voller Klagen,
Misstrauen und auch depressiver Stimmung.
Manche haben vielleicht gelernt, den Strahlemann
zu spielen. Alles scheint in Ordnung – aber unter
der Oberfläche schwelt Unzufriedenheit. Warum
musste mein Mann so früh sterben? Warum habe
ich keinen Partner gefunden? Hätte ich nur einen
anderen Chef! Zufriedenheit hat mit Frieden zu
tun. Der kann dort entstehen, wo ich versöhnt
und offen bin. Wir haben im Herzen die Kraft,
Unzufriedenheit in Zufriedenheit zu verwandeln.
Sehnen wir uns nach Frieden, sehnen wir uns auch
nach Gott. Im Frieden können wir Gott spüren –
mitten im Alltag. Dann wird der Friede zur Kraft-
quelle, aus der die Lebensfreude nur so sprudelt.

19
Bloß nie die Hoffnung verlieren ...

....

Alles, was geschieht, wird einen Sinn haben

Hoffnungen werden im Alltag oft enttäuscht. Ich hoffe, dass ich gesund bleibe, dass mein lang gehegter Lebenswunsch in Erfüllung geht. Menschen hoffen auf einen guten Beruf oder auf Glück in der Liebe. „Hoffnung" heißt der Stoff, aus dem unsere Seele gemacht ist. In mir schlummert eine Kraft, die „trotzdem" sagen kann, selbst wenn auch der Kopf und die Erfahrung des Lebens resignieren. Hoffen geht übrigens in Gemeinschaft viel besser als allein. Suchen Sie jemanden und erzählen Sie von Ihrer Hoffnung, das tut gut. Für mich ist Hoffnung, dass alles, was im Leben geschieht, einen Sinn hat. Da ist es gar nicht mehr so wichtig, dass alles so kommt, wie ich mir das so vorstelle, sondern dass alles, was geschieht, eben seinen Sinn hat.

Das Geheimnis,
das Menschen schön macht

Himmlische Gedanken zur Harmonie

20

Nur innere Harmonie
lässt uns strahlen

....

Über das Geheimnis, was uns
Frauen schön macht

Andere Menschen schön zu finden – das fällt uns
leicht. Sich selber zu gefallen braucht Mut. Schließlich ist man ja nicht perfekt, im Spiegel findet
sich immer irgendein Makel ... Dabei ist es nicht
die Makellosigkeit, die uns verschönert. Es ist die
innere Harmonie! Mit den Augen des Wohlwollens
und der Liebe blüht das Leben auf. Das merke ich
oft bei Kindern, die sind fast alle schön. Es sind die
Arglosigkeit, das Vertrauen und die Offenheit für
das Leben, die ihr Gesicht verzaubern. Könnten wir
Erwachsene auch so sein, würden wir entspannt
und glücklich. Diese Liebe zu sich und zum Leben
lässt die Schönheit aufblühen! Also: Freuen Sie
sich an den vielen attraktiven Menschen und an
dem, was in Ihrem Leben schön und gelungen ist!

21

Fehler können
schön sein!

....

Es geht nicht darum, perfekt zu sein

Da habe ich in eine Arbeit Mühe investiert – und
das Ergebnis lässt zu wünschen übrig. Wie reagiere
ich? Mit Unsicherheit! Dann kommt noch jemand
mit Kritik – schon ist mein Selbstbewusstsein
dahin. Egal was wir tun und wie wir sind: Immer
erleben wir unsere Begrenztheit. Ich schaue mein
Gesicht an, meinen Leib, und bin von meinem
Ideal weit entfernt. Dabei entwickelt die Natur
immer neue Kräfte, um ihr gestörtes Gleichgewicht
zu heilen. Ich war längere Zeit im Osten unseres
Landes und staunte, wie sich Gegenden, in denen
früher Kohle abgebaut wurde, zu prächtigen Na-
turreservoiren entwickelt haben. Jede Handarbeit
ist deshalb einmalig, weil sie von der Perfektion
abweicht. Jeder Makel macht mich zum Unikat. Ich
möchte lernen, meine Unvollkommenheit anzunehmen. Es geht nicht darum, perfekt zu sein.

22

Wahre Schönheit
schenkt nur die Liebe

....

Nicht makellose Haut macht
hübsch – das Innere verschönt

Die Sehnsucht nach Schönheit treibt nicht nur
Frauen ins Wellness-Institut. Sie ist ein Grund-
bedürfnis aller. Schönheit ist nicht nur ein sub-
jektives Gefühl, sondern auch von Kultur und
Gesellschaft, Armut und Reichtum abhängig.
Doch wahre Schönheit wächst aus der Harmonie, dem Einklang der Gegensätze. Innere Werte
zählen, wusste schon Augustinus. Schön sei, was
man mit liebendem Auge ansieht. Ein Mensch
ist schön, wenn er ausgeglichen und liebend in
der Welt steht. Ich wünsche Ihnen den „ewigen
Jungbrunnen“, der nicht nur von makelloser Haut,
sondern auch von spirituellen Werten genährt
wird: Liebe und Frieden, Glaube und Vertrauen.

23

Sich selbst zu spüren,
ist Wellness für die Seele

....

Wir müssen Körper und Geist pflegen

Unser Körper ist kostbar. In ihm wohnt unsere Seele. Unser Geist drückt sich im Körper aus
und bekommt so eine sichtbare Form. Durch ihn
bleiben wir der Erde verbunden. Mit ihm spüren
wir aber auch unsere Begrenztheit, unsere Zer-
brechlichkeit und Verletzbarkeit. Streichen Sie
heute mal mit beiden Händen liebevoll über Ihr
Gesicht, über Ihre Haut, über Ihre Hände. Spüren
Sie in dieser zärtlichen Geste die Sehnsucht, Ihrer
Seele ein gutes Zuhause zu geben und Ihren Körper zu lieben. Danken Sie Ihren Händen für alles,
was sie im Leben schon berührt, betastet, begriffen
und erfasst haben. Das ist Wellness für die Seele.

24
Wenn der Körper
zu mir spricht

....

Wie wichtig innere Harmonie für unsere Seele ist

„Ich habe die Nase voll" – ein Sprichwort, das
uns leicht über die Lippen geht. Vielleicht sind
wir schlecht gelaunt oder sehen über den Berg der
Arbeit nicht hinaus. Unsere Mitmenschen wissen
dann: „Es ist besser, heute mal auf Abstand zu
gehen!" Manchmal denke ich gar nicht darüber
nach, von was ich eigentlich die Nase voll habe.
Aber spätestens, wenn mich dann tatsächlich der
Schnupfen packt, weiß ich: Mein Körper spricht
zu mir. Er macht mich darauf aufmerksam, dass
ich die Grenzen meiner Belastbarkeit überschrit-
ten habe. Ich habe einseitig gelebt und spüre
einen Mangel. Daraus erwächst eine Sehnsucht
nach Harmonie. Und das ist eine himmlische
Botschaft: „Sei mit dir selbst im Einklang."

25
Düfte betören

....

**Mit verschiedenen Gerüchen
bestimmte Gefühle wecken**

Kleopatra wird nachgesagt, sie habe Marc Anton
und Cäsar gezielt mit Duftstoffen betört. Mit Düften
zu kommunizieren und die Attraktivität zu steigern
– das ist nicht nur Frauensache. Der Geruchssinn
ist höchst empfindlich und für unser Gefühlsleben
von sehr großer Bedeutung. Über Gerüche können
wir unsere Stimmung beeinflussen, wir bekommen mehr Appetit auf das Leben. Wohlriechende
Essenzen sind wie ein unsichtbares Netz, das uns
mit Menschen und Erfahrungen verbindet. Die Welt
der Düfte weckt in uns heimatliche Gefühle und
manchmal auch spirituelles Empfinden. Weihrauch
zum Beispiel erinnert uns an Kirchenräume. In der
Bibel wird erzählt, dass das Gute wie Rosen duftet.
Auch dieses chinesische Sprichwort „Ein wenig
Duft bleibt immer an den Händen haften, die Rosen
überreichen" sagt, wie bedeutsam Wohlgerüche
sind. Gönnen Sie sich doch heute mal eine Duft-
kerze oder ein Duftschaumbad. Trauen Sie Ihrem
„Riecher" für das wirklich Wichtige im Leben.

26

Entspannen Sie bei einer Fantasiereise

....

Bei einer schöpferischen Pause Kraft tanken

Legen Sie sich entspannt auf den Boden und schließen Sie die Augen. Spüren Sie die Auflagefläche des Körpers, die Beine, das Gesäß, den Rücken, die Arme, den Kopf. Vertrauen Sie Ihr ganzes Körpergewicht der guten Erde an. Die Schwerkraft trägt. Wenn Sie wollen, stellen Sie sich vor, dass Gott Sie trägt. Mit jedem Ausatmen sinken Sie ein klein wenig tiefer in den Boden. In der Fantasie verlassen Sie den Raum und gehen barfuß durch einen wunderschönen Wald. Am Wegesrand leuchten Blüten, der ganze Waldboden ist übersät mit einem weißen Blumenteppich. Sie nehmen den Duft der frischen Erde auf, spüren die Ruhe des Waldes, Sie fühlen sich wohl. Schließlich kommen Sie zurück in den Alltag. Strecken und recken sich und öffnen dann die Augen. Fühlen Sie, wie gut dieser Spaziergang getan hat?

27

Eine Erinnerung
ans Paradies

....

Lachen macht das Leben leichter

Selig die, die über sich selbst lachen können; sie
werden immer genug Unterhaltung finden. Selig die, die lächeln können; ihre Wege werden
sonnenbeschienen sein. Selig die, die den Herrn
in allen Wesen erkennen und lieben; sie werden
Licht, Güte und Freude ausstrahlen. Für mich ist
das Lachen immer eine befreiende Geste, die mir
hilft, mal wieder Abstand zu bekommen – von
mir selbst und vom Geschäft, vom Stress und
vom Ernst des Lebens. Wie komme ich dazu, das
Leben von der heiteren Seite zu sehen und jeden
Tag ein bisschen glücklich zu sein? Schauen Sie
die Wolken an, wie sie ziehen. Schauen Sie auf das
Kind, wie es eine Katze streichelt, auf das Baby,
wie es im Kinderwagen schläft. Überall stecken
Wunder, in allen Dingen ist mehr, als man oberflächlich sieht, eine Erinnerung an das Paradies.

28

Lächeln macht schön!

....

Über die Kunst, ein fröhliches Gesicht zu zeigen

Bernhard Paul, Mitbegründer des berühmten
Zirkus Roncalli, sagte einmal: „Die Steigerung
von Lachen ist für mich ein Lächeln." Ich verstehe das: Paul stand oft als Clown in der Manege.
Er weiß, dass das Lächeln die Hohe Schule der
Gefühle ist. Denn das Lachen ist ein kurzer Moment. Aber wenn jemand lange lächelt, dann ist
das ein Zeichen von Glücklichsein. Fasching ist
vorbei – wir haben viel gelacht. Gut so: Damit
schüttelt die Seele Staub von sich. Wir können
wieder tiefer und freier durchatmen. Mein Tipp:
Lachen Sie gleich morgen in den Spiegel hinein!
Vielleicht lächelt Ihnen dann auch das Leben
zu: draußen, von der anderen Straßenseite ein
Kind. Oder der Anblick einer Frühlingsblume.
Und wenn Sie nicht wissen, worüber Sie lachen
sollen… am besten lacht man über sich selbst.

29
Frauen unter sich

....

Warum Frauenrunden so wohltuend sind

Beim Jahrgänge-Treffen waren wir vergangene
Woche mal wieder „unter uns". Und wissen Sie,
was wir festgestellt haben? Wie wohltuend es
ist, „unter Frauen" zu sein! Wie kommt das nur?
Männer sind ja nicht schlecht, und wir brauchen
sie ja auch, um Gegensätze auszugleichen, um
die Anziehungskraft der Geschlechter zu genießen, um eine „Einheit" zu bilden, die sogar neues
Leben hervorbringen kann. Und trotzdem kann
es so befreiend sein, mal ohne Männer zu lachen
und sich nicht nur über Frauenthemen, sondern
auch über Männer, Politik und Wirtschaft aus-
zutauschen. Wir haben in unserer Frauenrunde
keine Antwort auf die Frage gefunden. Vielleicht
wissen Sie mehr darüber? Es bleibt spannend und
ungeklärt, warum wir Frauen viel leichter aus uns
herausgehen, wenn der sachliche und mitunter
wortkarge Mann im Frauenkreis fehlt. Es wäre
schon mal spannend, darüber mit Männern ins
Gespräch zu kommen. Ob es ihnen auch so geht?

30
Sie sind einzigartig!

....

Kleine Fehler machen jeden Menschen besonders

An meinem Geburtstag spüre ich ganz besonders
in meinem Herzen, dass das Leben ein Geschenk
ist. Ich frage mich: Warum darf ausgerechnet
ich leben? In einem Land, in dem Friede und
Freiheit fast selbstverständlich sind? Die Heilige Klara, eine Frau, die im 13. Jahrhundert ganz
neue Wege mit Gott gegangen ist, sagt am Ende
ihres Lebens: „Ich danke dir, Gott, dass du mich
so wunderbar geschaffen hast." Ich staune über
dieses Selbstbewusstsein der Frau und über ihren
Mut, bei aller Bescheidenheit und Armut stolz
auf ihr Leben und auf sich selbst zu sein. Das geht
nur, wenn man sich selbst mag und annehmen
kann, mit allen Macken. Glauben Sie mir: Sie
müssen nicht perfekt sein – Sie sind einzigartig!

Mit der Kraft
unseres Herzens

....

Himmlische Gedanken zur Freundschaft

31

Steck andere
mit deiner Freude an

....

Gute Freunde sind im Leben nicht zu ersetzen

Stellen wir uns vor, das Leben ist ein Weg, dann wünschen wir uns, ihn nicht allein gehen zu müssen. Deshalb sollten wir gute Freunde finden. Ein erster Tipp ist, ein fröhlicher Mensch zu sein. Wo keine Freude ist, stecke andere mit deiner eigenen an. Zweitens: Denk an dich, wenn du allein bist; wenn du mit anderen zusammen bist, interessiere dich für sie, für ihr Leben, für ihre Freuden und Sorgen. Ein Drittes: Hab Humor und lache auch mal über dich. Für mich bedeutet Freundschaft, Vertrauen zu haben und zu schenken. Ein letzter Tipp: Mit jedem Sonnenaufgang einen Freund mit neuer Liebe lieben und ihm mit neuer Nachsicht verzeihen.

32
Die Zauberkraft
des Augenblicks

....

Begegnungen mehr Aufmerksamkeit schenken

Wann haben Sie zum letzten Mal einem Menschen
in die Augen geschaut? Und wann sich selbst?
Sich einen Augenblick zu schenken – das ist sehr
einfach und braucht (fast) keine Zeit. Leider vergessen wir es oft. Wir begegnen einander, schüt-
teln die Hände und fragen uns gegenseitig nach
dem Befinden. Dabei tut es gut, wenn wir uns
auch mit den Augen begegnen. Denn aus ihnen
lacht die Seele heraus. Das kommt mir vor allem
bei Kindern in den Sinn. Wenn ein Baby aus dem
Kinderwagen die Erwachsenen anlächelt, verzaubert uns dieser Anblick. So eine Begegnung
kann magisch sein. Lassen Sie sich von der Zau-
berkraft des Augenblicks mal wieder berühren.

33
Mit dem Herzen sehen wir besser

....

Vom Mut, unseren Gefühlen zu folgen

Ein Sprichwort sagt: „Ich glaube nur, was ich mit
eigenen Augen gesehen habe." Es stellt unseren
Sehsinn an die erste Stelle aller Sinneseindrücke.
Doch im täglichen Leben kann uns unser Sehsinn
am meisten täuschen. Auf der Netzhaut entsteht
unser Weltbild nämlich auf dem Kopf! Erst in
unserem Gehirn werden die Sehimpulse verändert,
korrigiert – wieder umgedreht. Wir müssen die
Wahrnehmung von der Wirklichkeit unterschei-
den lernen. Das Sehen gelingt dann besonders gut,
wenn wir auch mit dem Herzen sehen. Nicht nur
das Auge sieht, sondern der ganze Mensch. Schauen
Sie sich selbst mal tief in die Augen und entdecken
Sie das Auge als Brücke zu sich selbst, als Spiegel
der Seele. Entdecken Sie im Auge auch den Himmel: die Sterne, das Licht, die Freude, das Lachen.
Und vielleicht haben Sie ja heute sogar einmal
Gelegenheit, einem lieben Menschen in die Augen
zu schauen und dabei den Sternenhimmel zu entdecken. Trauen Sie Ihrem Gefühl, dem Auge Ihres
Herzens. Das Gefühl des Herzens täuscht uns nicht!

34
Geheimnisse
bewahren

....

Woraus wir Kraft schöpfen können

„Ach wie gut, dass niemand weiß, dass ich Rumpelstilzchen heiß …!" Dieses Märchen bringt es für mich auf den Punkt: Wie spannend ist doch das Leben, wenn man ein paar kleine Geheimnisse hat! Denn die Neugierde ist eine große Antriebskraft im Menschen. Sie bringt unsere Seele in Bewegung. Wir fragen: Was verbirgt sich hinter diesem oder jenem Herzen? Es ist auch spannend – für sich selbst –, ein Geheimnis zu bewahren. Es kann mich locken und mir Kraft zum Leben geben. Und es regt meine Fantasie und Kreativität an. Oft schalte ich ab, genieße mein Geheimnis und fühle mich dann innerlich sehr reich. Wer innere Größe haben will, der muss ein Geheimnis für sich bewahren können. Viel Spaß dabei!

35

Können Sie richtig
gut zuhören?

....

Über den hohen Wert einer seltenen Gabe

Ganz Ohr sein – das ist gar nicht so einfach, wie
es sich anhört. Hören ist eine Höchstleistung,
denn Töne und Laute verursachen nicht nur im
Ohr einen Sinnesreiz. Sie bewirken vor allem
Gefühle. Wenn wir hören, dann lassen wir uns
auch innerlich anrühren. Der griechische Philo-
soph Theophrast nennt den Hörsinn den emoti-
onalsten aller Sinne. Beim Hören habe ich teil an
den Emotionen des anderen. Sie bringen mich in
Bewegung. Das Zuhören ist also gar nichts Passi-
ves, wie wir oft denken, sondern ein höchst kom-
plizierter aktiver Vorgang. In einer Gemeinschaft
kann ich durch Hören und Reden zum anderen
Menschen gelangen, kann Vertrauen aufbauen,
Beziehungen stiften. Wenn ich richtig zuhören
kann, finde ich Zugang zu anderen Menschen. Das
Hören ist also so etwas wie eine Grundvorausset-
zung für das Gelingen einer Beziehung und das
Wachsen von Vertrauen. Eine spannende Sache!

36

Mit der Kraft
unseres Herzens

....

Mit Liebe schenken macht andere zufrieden

Kleine Geschenke, die von Herzen kommen,
bereiten große Freude: „Strebe danach, glücklich
zu sein!", so heißt es im Kirchenlied „Desiderata".
Solange ich zur Schule ging, war es sonnenklar: Um
gute Noten zu bekommen, bedarf es der Streb-
samkeit. Aber: Um ein Herz glücklich zu machen,
brauchen wir nur so etwas wie den siebten Sinn.
Die Zahl Sieben ist wie der siebte Himmel: etwas
Rosarotes, Himmlisches und Vollkommenes. Mit
unserer Kraft des Herzens haben wir tatsächlich
einen „siebten Sinn", mit dem wir jedes Geschenk
mit Liebe vollkommen machen können. Das geht
ganz einfach: Öffne dein Herz, lade Menschen zu
dir ein, die dir wichtig und wertvoll sind. Und dann
segne sie mit deiner Kraft, mit einem guten Gedanken, mit einem kleinen Geschenk. Dieses Geschenk
bewirkt Wunder, weil es im „siebten Himmel" war.

37

Geteilte Freude ist doppelte Freude

....

Über die Offenheit, die man für Gefühle braucht

Wir alle sehnen uns nach einer ganz persönlichen Liebe. Aber getrauen wir uns auch zu lieben? Es gibt viele Menschen, die meinen, dass sie durch ihr Glück das Unglück anzögen, weil sie kein „Recht" auf Glück hätten. Um dies zu verhindern, öffnen sie sich lieber erst gar nicht für Mitmenschen und bleiben alleine hinter verschlossener Türe. Ein Sprichwort sagt: „Geteilte Freude ist doppelte Freude, geteiltes Leid ist halbes Leid". Für andere da zu sein und sie zu lieben macht doppelt glücklich. Darin Glück zu finden, ist nicht nur eine Frage der Umstände, sondern eine Frage des Mutes. Mit der Leidenschaft, mit der wir füreinander da sind, werden wir uns auch selbst finden. Mit der Gleichgültigkeit, mit der wir uns selbst gegenübertreten, werden wir auch auf andere sehen und sie verlieren. Ich wünsche Ihnen Mut zur Liebe und zur Offenheit.

38

Das Leben
ist bunt

....

Alles immer nur schwarz-weiß zu sehen ist öde

Viele Naturvölker bemalten früher ihre Körper in
den Farben Schwarz-Weiß-Rot. Damit wollten sie
die Dreistufigkeit der menschlichen Natur sym-
bolisieren: Schwarz steht für das Fleisch des Körpers – es kommt von der Erde und kehrt wieder
dorthin zurück. Rot meint die Seele und deren Sitz
im „Roten", dem Blut. Weiß vertritt den aus dem
Licht oder der Gottheit stammenden Geist. Farbe
bekennen heißt für mich aber auch: klar Stellung
beziehen, seine Meinung offen darlegen und ehrlich
sein. Es gibt Menschen, für die es nur ein Schwarz-
Weiß gibt: entweder – oder! Spannender wird das
Leben aber doch, wenn wir möglichst viele Farben
und Meinungen zulassen können. Respektvoll
in die Welt schauen – das möchte ich heute tun
und das bunte Leben in vollen Zügen genießen.

39
Augen zu und durch?

....

An Problemen nicht vorbeischauen

„Augen zu und durch" – dieses Sprichwort sagen wir gern, wenn wir vor einer schwierigen Situation stehen. Wir machen uns damit Mut und vertrauen darauf, dass es manchmal besser ist, an der Wirklichkeit vorbeizuschauen. Dabei weiß jeder, der schon mal im Dunkeln orientierungslos war, dass es nicht leichter, sondern schwerer ist, auf den Sehsinn zu verzichten. Das Sprichwort „Augen zu und durch" verliert nach einer Dunkelerfahrung seine Glaubwürdigkeit. Der heilige Franziskus hat in schwierigen Situationen die Augen aufgemacht und sich der Situation gestellt. Mit unseren Augen haben wir nicht nur Kraft zum Sehen, sondern auch zum Handeln. Der Angst in die Augen schauen und dabei die eigenen Kräfte spüren – das wünsche ich Ihnen und mir.

40

Lachen und Weinen
gehören zusammen

....

„Zeigen Sie wie ein Clown Ihr fröhliches Gesicht"

Der bekannte Schriftsteller Phil Bosmans sagt:
„Fällt dir das Leben mal schwer, probiere, einen
Clown nachzumachen. Er weint in seinem Herzen und spielt trotzdem lachend für ein Kind
auf der Geige. So wird er vom Herzweh geheilt."
Diese Worte klingen widersprüchlich: Wie soll
ich lächeln, wenn mir eigentlich zum Weinen ist?
Ich verstehe Bosmans Rat so: Wir haben Augen
und Ohren in doppelter Ausführung erhalten.
Und wenn wir es genau nehmen, ist sogar noch
ein drittes Ohr und ein drittes Auge in unserem Herzen wach für jede Regung des Lebens.
Wenn ich alle Sinne benutze, die mir die Natur
geschenkt hat, kann ich tatsächlich wie ein Gauk-
ler oder ein Clown das Leben in allen Facetten
genießen, erleiden, erleben und meistern. Entdecken Sie die befreiende Erfahrung, Trauer und
Freude zu verbinden. Wir können Trauer zulassen – und der Welt als Heilmittel schenken.

41

Das eigene Herz befreien

....

Von der großen Kunst der Versöhnung

Das Leben geht nicht spurlos an uns vorbei. Wo Menschen zusammenleben, gibt es immer wieder Kränkungen, Verletzungen, Eifersucht und Hass. Manchmal fragt man sich, ob es Sinn oder Unsinn ist, einander zu vergeben. Doch eines ist klar: Unversöhntheit frisst Lebensenergie. Wer loslassen kann, hat die Hände frei, kann Neues ergreifen, und auch das Herz wird frei und offen für neue Erfahrungen. Versöhnung ist nicht leicht, setzt Selbsterkenntnis und Anstrengung, Arbeit an sich selbst voraus. Aber: Versöhnung lohnt sich um unserer selbst willen. Weil etwas wieder gut, eine Entzweiung überwunden wird und eine Trennung ihr Ende findet. Versöhnung macht uns frei, beziehungsfähig und selbstbewusst. Schenken Sie sich ein befreites und versöhntes Herz, das gibt Ihnen ein gutes Gefühl, Gelassenheit und Liebesfähigkeit.

42

Wohin mit Eifersucht?

....

Ein ganz einfacher „Rucksack"-Trick ...

Eifersucht kann ganz schön wehtun. Wie eine
Krankheit, die gar nicht so leicht zu heilen ist.
Die Mönchstradition geht davon aus, dass Eifersucht ein „Laster" ist. Also etwas, das unser Leben belastet, das sich wie ein schwerer Stein auf
die Seele legt und uns das Leben schwer macht.
Wenn ich Eifersucht spüre, gestehe ich sie mir
ehrlich ein. Eifersucht ist ein starkes Gefühl, das
ich nicht verdrängen kann. Sie ist ein Teil von mir.
Ich nehme dieses „Laster" wie einen Rucksack an.
Aber dann kommt's: Ich lege den Rucksack ge-
danklich ab und befülle ihn mit Gelassenheit und
Großzügigkeit. Dazu gehört, dass ich mich nicht
mit anderen vergleiche und selbst liebe, dass ich
großzügig bin im Verschenken: etwas Zeit für ein
Gespräch mit der Nachbarin, ein kleines Trinkgeld
beim Einkauf, eine gut riechende Body-Lotion
für mich. Düfte können mein Gefühl zum Guten
stimmen! Und die Eifersucht ist wie weggeblasen.

43
Den Eltern vergeben

....

Der offene Blick ins eigene Herz

Es geht im Leben leider ungerecht zu. Fast alle
Menschen machen irgendwann die Erfahrung, dass
sie zu kurz gekommen sind. Dass die Eltern ihre
Begabungen nicht gefördert haben, dass zu wenig
Geld da war für ein Studium oder eine qualifizierte
Ausbildung … Es liegt an uns, negative Erinnerungen in unserem Herzen zu kultivieren. Ich kann sie
„düngen", damit sie noch üppiger wachsen – oder
sie kurz und klein halten. Wie machen Sie es? Am
besten ist es, wenn ich vergebe, indem ich auf meine
Eltern zugehe, mich ausspreche und die Vergebung
mit Handschlag besiegele. Geht das nicht, kann ich
ihnen die Vergebung im Herzen anbieten. Wenn
ich es fertigbringe, den Frieden zu verschenken,
dann empfinde ich das Gefühl, zu kurz gekommen zu sein, nicht mehr als Verlust, sondern als
Chance, über mich selbst hinauszuwachsen. Wer
vergeben und verzeihen kann, ist wahrlich groß.

44
In Einsamkeit Frieden finden

....

Alleinsein hat auch positive Seiten

Allein leben ist manchmal schrecklich einsam.
Als Paar leben ist manchmal schrecklich einsam.
Und auch in Gemeinschaft leben ist manchmal
einsam. Einsamkeit ist eine Tatsache des Lebens,
die zurückgeht, so weit der Mensch denken kann.
Sie gehört dazu, ob wir wollen oder nicht. Keiner kann uns dieses Gefühl ganz nehmen, ob-
wohl wir es uns alle wünschen. Sogar die Bibel
rät: „Es ist nicht gut, dass der Mensch allein sei."
Einsamkeit ist nur dann gut, wenn sie hilft, sich
selbst zu finden. Wer es mit sich selbst nicht aus-
hält, hält es auch mit anderen nicht aus. Wer mit
sich selbst alleine sein kann, spürt den Frieden
im Herzen und kann sich auch in einer Partner-
oder Freundschaft für das Du öffnen. Einsamkeit kann auch eine positive Erfahrung sein.

45
Aufrecht leben

....

Über Menschen, die Rückgrat haben – oder nicht

Einen Buckel haben wir, wenn wir uns vornüber neigen – krankheitsbedingt oder weil wir genug vom Leben haben. „Es reicht!" Wer buckelig daherkommt, hat den Kopf gesenkt, kann nicht nach vorn blicken und sich nicht auf unwegsamem Gelände zurechtfinden. Rückgrat haben ist eine Haltung, die Buckeln entgegenwirkt. Aufrecht spüre ich mein Rückgrat als Zentrum, von dem aus ich mich in alle Richtungen bewegen kann. Ich sehe andere von Angesicht zu Angesicht. Ein Mensch mit Rückgrat hat es nicht nötig zu buckeln und seine Identität aufzugeben. Rückgrat haben heißt auch, mit meinem Wesen aufrichtig zu sein. Wenn mich der Alltag zu Boden drückt, Sorgen mich belasten und meine Schultern verkrampfen, wird es Zeit, sich bewusst zu erheben, immer wieder neu aufzustehen, aufrichtig zu sein und Rückgrat zu zeigen.

Endlich streichelt uns die Sonne!

Himmlische Gedanken im Frühling

46
Die Botschaft der Natur

....

Über den Zauber eines Spaziergangs im Frühling

In einem Gedicht schreibt Hermann Hesse: „Mir war ein Weh geschehen. Und da ich durch die Felder ging, da sah ich einen Schmetterling, der war so weiß und dunkelrot, im blauen Winde wehen." Auch mir geht es so: Im Frühling, wenn die schüchternen Sonnenstrahlen die ersten Zitronenfalter zum Leben erwecken, lasse ich mich von ihren zarten Flugbewegungen und Flügelfarben bezaubern. Gleichzeitig verspüre ich eine Leichtigkeit, die mir Mut macht, über mich selbst hinauszuwachsen. Sie lässt mich fast ein wenig schweben. Ich ahne die Botschaft dieses Naturparadieses: Öffnen Sie sich dem erwachenden Leben, erfreuen Sie sich an den vielen Wundern des Frühlings!

47
In der Ruhe liegt die Kraft

....

Über das Schöne an einem geschenkten Tag

Jedes vierte Jahr ist ein Schaltjahr, mit einem Tag „dazwischen". Der 29. Februar, das sind 24 Stunden extra, ein Geschenk. Es ist gut, sich jedes Jahr einen persönlichen „Schalttag" zu gönnen und ihn sich im Kalender frei zu halten. Ein Tag, der „außer der Reihe" ist. In der Sinn-Welt des Jordanbades, in dem ich arbeite, stehe ich oft begeistert vor einem Granitstein, der mit seinen 500 Kilo schon 160 Millionen Jahre hinter sich hat. Durch geschicktes Handauflegen kann man ihn zum Schwingen und Klingen bringen. Im Vergleich zu diesem Stein, der schon vor der Menschheitsgeschichte existiert hat, ist ein Tag wie ein Staubkorn. Machen Sie aus dem Staubkorn ein Samenkorn! Legen Sie an Ihrem persönlichen „Schalttag" einen Frühlingsgedanken in Ihr Leben. Vielleicht entdecken Sie am Wegesrand einen schönen Stein. Nehmen Sie ihn in die Hand, fühlen sie die Zeit, die er schon Stein ist. Der Augenblick wird zum Geschenk der Stille. Zeit hat man nicht, Zeit nimmt man sich. Spüren Sie die Ruhe in einer unruhigen Zeit. In der Ruhe liegt die Kraft!

48

Wolkenschau

....

Gedanken zum Frühlingsanfang

„Frühling lässt sein blaues Band ..." – so heißt
es in einem Gedicht. Die Farbe Blau erzählt uns
von der Weite des Himmels, der Tiefe des Meeres
und der Frische des Wassers. Gerade im Frühling
lädt uns der Himmel ein, den Kopf nicht in den
Sand zu stecken, sondern nach oben zu schauen.
Das richtet uns körperlich, aber auch seelisch auf.
Schauen Sie auf die Wolkenbilder und lassen Sie
dabei Ihr Leben vorbeiziehen: ihre Begegnungen
mit anderen Menschen, all das, was Ihnen heute
widerfahren ist. Schauen Sie hin, ohne es zu be-
werten. Ein Missgeschick, eine negative Erfahrung
– aber auch ein Lächeln, ein gutes Gespräch. Bald
werden Sie feststellen, dass die positiven Erlebnisse
überwiegen. Das hilft Ihnen, Zuversicht zu gewin-
nen: zu sich selbst und zu anderen Menschen.

49

Fasten heißt
Staub von der Seele wischen

....

Über die Wohltat des Verzichtens

Gestern ließ ich mich von der Sonne ins Freie entführen und staunte, als ich bei unserem Bienenhaus ein fröhliches Treiben sah. Die Bienen starteten zu ihrem jährlichen Reinigungsflug, mit dem sie ihre Honigsaison eröffnen. Viele Tiere rüsten sich fürs Neue, indem sie erstmal aufräumen. Auch wir Menschen brauchen besondere Zeiten, in denen wir Ordnung schaffen: äußerlich und innerlich. So wie in der jährlichen Fastenzeit. Viele denken beim Fasten nur daran, auf Speisen zu verzichten. Es kann aber auch bedeuten, den Staub von der Seele zu wischen, Gewohnheiten zu ändern, uns anders zu sehen. Ein Fastenvorsatz kann sein, in Gesprächen auf das letzte Wort zu verzichten, mit offenen Sinnen durch die Straßen zu gehen oder auf Not in der Nachbarschaft zu achten. Dazu braucht es Wachsamkeit und Ehrlichkeit. Ich wünsche Ihnen viel Mut zu neuen Gewohnheiten, die befreien und entlasten. Es lebt sich halt doch leichter, je weniger Gepäck wir mit uns rumschleppen.

50

Ostern: Die Gegensätze des Lebens versöhnen

....

Besinnlichkeit und Genuss gehören zusammen

Ostern ist ein Fest, an dem Gegensätze zusammenfallen und durch die Macht Gottes zu einer Einheit finden. Den Gegensatz von Tod und Leben erfahren wir als schmerzlichsten Widerspruch. Unser Leben spielt sich jedoch oft in Gegensätzen ab. Unsere Gefühle können traurig und fröhlich sein, es gibt Tag und Nacht, Mann und Frau, Himmel und Erde … Wenn es uns gelingt, diese Gegenpole in uns zu versöhnen, dann finden wir Tiefe und Erfüllung. Für mich drücken sich die Gegensätze auch im täglichen Leben aus. So gibt es in der Klostertradition den Wechsel zwischen Gebet und Arbeit, Anspannung und Entspannung, Feiern und Fasten. Genießen und Besinnen lassen sich also durchaus verbinden. Ich wünsche Ihnen frohe Ostern und dass der Erfahrung von Leid die des Glücks, der Gesundheit und des Lebens folgt.

51

Alles ist ein Anfang,
wenn wir es zulassen

....

Ostern – Neubeginn

Ostern ist das Fest des Neuanfangs. Die Natur zeigt
sich in frischer Kraft, die Bäume platzen aus ihren
Nähten, und die Blumen sind herrlich verschwenderisch in ihren Farben und Düften ... Ich steh
vor einem kleinen Kind und denke: „So sollte man
noch einmal sein. Wie ein Kind. Und alles zum
ersten Mal erleben. Den Kaffeeduft beim Früh-
stück – als wäre es zum ersten Mal. Den Sonnenaufgang, aber auch ihren Niedergang – als wäre es
zum ersten Mal." Wie faszinierend doch die Welt
wird: Ich übergehe meine „alten Gewohnheiten"
und gebe jedem Tag die Chance, ein einmaliger zu
sein. Und vertraue dem Zauber des Neubeginns.

52

Von Herz zu Herz

....

Entfernungen können Zuneigung nicht trüben

Ostertage sind auch Reisetage, da sind wir gern unterwegs. Die Familie trifft sich, liebe Menschen werden besucht und die Sonne lockt uns wieder nach draußen. Wir Menschen mögen von Natur aus gern Ausflüge. Zu den schönsten Zielen gehört das Treffen mit guten Freunden – es ist voller Heiterkeit und Anregung. Weite Wege spielen da keine Rolle. Die Verbindung von Herz zu Herz ist der kürzeste Weg – und der ehrlichste. Zuneigung wird auch durch große Entfernungen nicht getrübt. Gute Freunde stellen keine Ansprüche. Wenn man sich lange nicht gesehen hat, hält das eine gute Beziehung aus – und die Zeit dazwischen war nicht von Bedeutung.

53

Endlich streichelt uns die Sonne

....

Meine Gedanken hellen sich auf

Die warmen Strahlen sind wie Liebkosungen auf der Haut. Mir fällt der Kalenderspruch ein „Wende dein Gesicht der Sonne zu, dann fallen die Schatten hinter dich." Ich genieße die Sonne beim Spaziergang und liege im Thermalbad im Liegestuhl. Es tut einfach gut. Auch die Seele braucht solche Streicheleinheiten. Ich denke in dieser Jahreszeit viel positiver: Vielleicht gelingt es mir, mit einem Menschen Kontakt aufzunehmen, mit dem ich schon lange nichts mehr zu tun hatte. Und ich verzichte darauf, einem Mitmenschen, der mich verletzt hat, eine böse Absicht zu unterstellen. Ich halte negative Gefühle nicht fest und bade nicht darin, sondern lasse sie los. Ich mache meine Seele frei von allem, was meine innere Sonne verdunkelt. Das tut gut.

54

Regengüsse im Mai
verleihen Flügel

....

Über die Kraft, die unsere Natur im Frühling hat

„Willst du größer werden, dann stell dich in den Mairegen!" Kennen Sie diesen Spruch noch? Ich finde, er trifft es genau: Die Sonne hat mit ihrer Strahlkraft Luft und Regen so schön warm gemacht, dass beides zusammen „Wunder wirkt" – das Leben wächst und wächst. An den Bäumen kann ich es besonders gut erkennen. So strahlen die Buchenblätter bei uns im Ort mit ihrem frischen Grün wie eine Urlaubslandschaft. Aber ich frage mich auch: Was lässt mich nicht nur körperlich wachsen, sondern innerlich? Wie bekomme ich mehr Selbstbewusstsein, mehr Freude am Leben? Für mich sind es die Liebe und der Mut, die zusammen ein Feuerwerk entfachen. Habe ich beides, kann ich über Grenzen gehen. Und wer die nie ausprobiert, braucht sich nicht zu wundern, wenn sein Leben immer enger wird. Denken Sie daran – wenn der Mairegen kommt.

55
Geist weht
über der Schöpfung

....

Pfingsten – über Gottes Gegenwart im Alltag

Als die Erde erschaffen wurde, so die Bibel, lag
Gottes Geist über der Urflut, wie eine Lufthül-
le. Die leichte, unsichtbare Luft kann uns einen
sanften Umgang miteinander und mit der Schöpfung lehren. Die Kräfte der Natur spirituell zu
deuten, das ist für mich Pfingsten. Der Wind oder
auch der Sturm werden zu einer Erfahrung der
Kraft Gottes. Sie ist einfach da, auch ohne unsere
Leistung. Den Wind sieht man nicht, doch seine Wirkung ist sichtbar! Im Alltag, wenn nichts
mehr geht: Auf einmal öffnet sich eine Tür, und
ich spüre, Gottes Geist ist am Werk! Das gibt mir
Gelassenheit. Ich muss nicht alles selber machen.
Nur das Mögliche! Das Unmögliche macht Gott.
Ich wünsche Ihnen viele Momente im Alltag, in
denen Sie die Kraft und Gegenwart Gottes spüren.

56
Die Sprache der Herzen

....

Über das göttliche Wunder,
das zu Pfingsten geschah

Allzu oft erfahren wir, dass Sprache Brücken baut
– aber auch Verwirrung stiften kann. In solchen
Fällen reden wir miteinander, aber wir verstehen
uns nicht. So habe ich bei manchen Menschen
das Gefühl, gegen eine Wand zu sprechen. Oder
auf taube Ohren zu stoßen … Nun: Diese Erfahrung ist so alt wie die Menschheit. Schon die
Bibel berichtet im Turmbau zu Babel von einer
weltweiten Sprachverwirrung. Dennoch gibt es
eine Sprache, die alle Menschen, egal aus welcher
Kultur sie stammen, kennen: die Sprache des
Herzens. Gerade Pfingsten will das Fest sein, an
dem wir diese göttliche Gabe feiern. Denn mit
der Kraft der Liebe ist es damals den Jüngern von
Jesus gelungen, in allen Sprachen zu reden und
ihren Glauben zu preisen. Für mich bedeutet das:
Wer sein Herz öffnet, der wird auch verstanden.

Die Kraft der Schöpfung spüren

Himmlische Gedanken zum Sommer

57
Der Sommer macht uns glücklich!

....

Warum das Licht unser Leben hell macht

Wenn die Sonne scheint, sind wir froher, freier und glücklicher. Das Sonnenlicht regt unser Glücksgefühl an – wir fühlen uns wie im Urlaub. In der antiken Welt stellte man sich die Sonne als Gottheit vor. Jeden Morgen brach der Sonnengott mit seinem goldenen Wagen im Osten am Horizont auf, um seine Tagesreise über den Himmel anzutreten. Bis er am Abend im Westen verschwand. Auf diesen Sonnengott geht die Bezeichnung „Sonntag" zurück. Die Bibel erzählt, dass Gott sein Licht schickte und die Erschaffung der Welt begann. Wenn am Morgen das Licht der Sonne am Horizont und im Herzen erwacht, wiederholt sich die Schöpfungsgeschichte meines Lebens. Das Licht macht mein Leben hell, lässt es wachsen, reifen, schenkt Orientierung. Selbst wenn dann die Nacht wiederkehrt und die Dunkelheit Angst, Sorge und Unsicherheit auslöst – der nächste Morgen kommt bestimmt!

58

Barfuß durch den Sommer

....

Ganz behutsam auftreten

Einfach mal die Schuhe ausziehen und am frühen
Morgen barfuß durch den Garten gehen. Der Tau
hängt noch an den Grashalmen, es ist feucht und
kalt. Jedes Steinchen spüre ich, mein Gehen wird
bedächtig und behutsam. Ich könnte in Dornen
treten, eine Schlammpfütze übersehen oder auf
eine Schnecke treten. Lieber nicht – deshalb gehe
ich achtsam und schaue, wohin ich meine Füße
setzen kann. Ich habe viel Zeit, und kein Schritt ist
überflüssig oder selbstverständlich. Die Erde trägt
mich, ich genieße diese Sicherheit, auch wenn sie
es mir nicht leicht macht. Dort, wo ich meinen Fuß
aufgesetzt habe, ist das Gras verletzt, die Idylle der
unberührten Wiese verloren. Ich hinterlasse Spuren
und bin ein Teil der Schöpfung. Alles, was ich heute
tue, hat seine Bedeutung und auch seine Wirkung.
Der Tag wird Spuren hinterlassen. Behutsam
möchte ich heute leben, denn ich weiß, dass der
Tag bedeutungsvoll ist – und mein Leben auch.

59

Ein Kunstwerk aus
Regen und Licht

....

Die Farben der Natur

Im Sommer, wenn sich die Sonne verabschiedet
und dabei von einem Regenschauer begleitet wird,
zaubert die Natur den bunten Regenbogen an
den grauschwarzen Himmel. Nur kurz – dann ist
das Ereignis auch schon vorbei. Im Leben kommt
einem das Glück manchmal ganz unverhofft, in
einem einzigen Augenblick, entgegen. Glück kann
ich nicht aufschieben. Ich muss den Moment
genießen, dafür alles liegen und stehen lassen.
Das erfordert Spontanität und Entschlossenheit.
Farben sind wie Boten des Lichtes. Jede Farbe hat
ihre Bedeutung, ihre Wirkung, löst Gefühle in
mir aus. Welche Farbe hat mein heutiger Tag? Ich
stelle sie mir vor, ich atme meine Lieblingsfarbe
ein, lasse sie durch mich durchströmen. Vielleicht
habe ich morgen schon eine andere Farbe. Ich
wünsche Ihnen bunte Glücksmomente, immer
mal wieder einen Regenbogen am Himmel und die
Gewissheit: „Gott bringt Farbe in mein Leben".

60

Liebeserklärung
an die Sonne

....

Lichtstrahlen machen uns glücklich

Um die Sinne unserer Besucher in der Sinn-Welt
Jordanbad zu schärfen, bitten wir sie manchmal
in einen Raum ohne Licht. Hier sollen sie ein paar
Minuten lang bewusst erleben, wie es ist, zu fühlen, zu schmecken und zu riechen. Unsere Erfahrung: In der Dunkelheit schaffen wir es schneller,
einander die Hand zu reichen. Wie gut tut es, in
so einem Raum nicht allein zu sein. Dann, nach
einer vielleicht unendlich erscheinenden Zeit, wird
die Sehnsucht nach Licht so stark, dass uns jeder
Sonnenstrahl wie ein Gruß aus einer anderen
Welt erscheint. Im Sommer können wir uns von
der Sonne und ihren Strahlen streicheln lassen.
Sie erzeugt in uns das Glückshormon Serotonin.
Das hilft uns, Depressionen zu vertreiben. Mein
Fazit: Eine Stunde Lichtdusche – und schon geht's
einem gleich besser. Genießen Sie die Sonnenzeit!

61

Den Gleichgewichtssinn trainieren

....

Auf der Schaukel zu schwingen tut gut

Schaukeln ist wichtig für unser Wohlbefinden – wussten Sie das? Die gleichmäßigen Bewegungen schulen den Gleichgewichtssinn. Durch ihn werden wir sicher, können ohne Angst unsere Umwelt erkunden. Geht uns der Sinn durch fehlende Bewegung oder im Alter langsam verloren, bekommen wir automatisch „weiche Knie", werden verzagt und ängstlich. Daraus folgt, dass wir uns und unseren Mitmenschen nicht mehr vertrauen. Also: Nutzen Sie den Sommer, um einfach mal ganz sachte in einer Hängematte zu schaukeln. Oder überlassen Sie sich auf einem Spielplatz wie ein Kind den Bewegungen einer Schaukel. Viel Spaß!

62

Urlaub hilft uns,
nach vorn zu schauen

....

Wie wichtig es ist, mal richtig auszuspannen

Die Ferien beginnen. Für Schüler ist es herrlich, keinen Leistungsdruck zu spüren. Für uns Erwachsene ist im Urlaub nicht nur Abstand zum Alltag wichtig – wir wollen auch andere Länder, Menschen und Gewohnheiten kennenlernen. Das Fernweh hat schon immer Menschen auf den Weg gebracht. Mit dem Fernweh kommt aber auch das Heimweh. Beides gehört zusammen. Es hilft uns, immer wieder neu nach vorn zu schauen und zu erfahren: Das Leben ist begrenzt! Gleichzeitig liegt in der Begrenzung viel Unbegrenztes: die Weite des Meeres, die Liebe, der Himmel, die Erfahrung eines Ziels, aber auch die Hoffnung auf ein ewiges Ziel nach dem Tod. Erholen Sie sich gut!

63
Sinn für das Schöne

....

Wir sollten uns öfter etwas Gutes tun

Teresa von Ávila, eine große Mystikerin aus dem
16. Jahrhundert, sagte einmal: „Tu deinem Leib
Gutes, damit deine Seele Lust bekommt, darin zu
wohnen!" Der Mensch besteht aus Geist, Leib und
Seele. Um in innerer Balance zu bleiben, müssen
wir für alle drei etwas tun. Wir dürfen den Geist
und die Seele nicht vernachlässigen. Die „schönen Künste" – ein kleines Lied, ein anregendes
Gedicht, die Schönheit der Natur, ein gutes Gespräch, ein treffliches Gemälde, ein Lob auf den
Lippen – sie beflügeln unsere Seele und bauen
auf. Das Schöne baut auf und lässt uns leben, gut
leben. Einfach mal im Urlaub im Liegestuhl lie-
gend eine schöne Sinfonie hörend das Gefühl zu
genießen: „Es ist wunderbar zu leben!" – das ist
mein Wunsch für Sie und für die Urlaubszeit.

64

Im Wasser spüren wir die Kraft der Schöpfung

....

Frisches Wasser ist eine Wohltat für die Sinne

Schon ein einziger Wassertropfen kann frisch und belebend sein. Ich verreibe ihn in meiner Hand, und er verschwindet. Gewiss durchdrang das Wasser meine Haut und ging in mich hinein – wie ein Sonnenstrahl! 75 Prozent meines Körpers sind Wasser, 75 Prozent der Erdoberfläche bestehen aus Meeren. Aus dem Wasser kommt die Geschichte der Lebewesen. Wasser belebt und entspannt. In der Badewanne, im Dampfbad oder in der Therme: Ich habe das Gefühl, als kehre ich in den Mutterleib zurück. Ich fühle mich geborgen. Ich möchte heute behutsam mit frischem Wasser umgehen: es schmecken, auf der Haut spüren, unter der Dusche mich eins fühlen mit der Schöpfung.

65

Was ist wahrer Luxus?

....

Die kleinen Freuden im Alltag

Als ich im Urlaub müde von einer ganztägigen Bergwanderung zurück nach Hause kam, empfand ich eine erfrischende und entspannende Dusche als luxuriös. Ich genoss die perlende Frische des Wassers auf der Haut und spürte seine Zärtlichkeit und Reinheit. Luxus braucht nicht teuer zu sein. Natürlich macht es Spaß, auch mal etwas verschwenderisch zu leben. Oder etwas zu besitzen, was andere nicht haben. Ein wenig Luxus nährt die Seele und gibt uns ein gutes Selbstwertgefühl. Der Alltag braucht immer mal wieder eine luxuriöse Abwechslung. Doch der Luxus hat viele Gesichter: Es kann eine gute Freundschaft sein – oder die Sahne zum Kaffee. Luxus ist wie eine Streicheleinheit für unsere Seele, die wir uns ab und zu gönnen sollten. Ich wünsche Ihnen, dass Sie auf der Suche nach Luxus nicht weit gehen müssen.

66

Mit verbundenen Augen

....

Barfuß laufen und den Tastsinn spüren

Ziehen Sie Ihre Schuhe aus und spüren Sie, wie gut es tut, barfuß zu laufen: über frisch gemähten Rasen, weichen Sand oder einen erdigen Waldweg. Wagen Sie den Vertrauensbeweis für einen lieben Menschen und lassen Sie sich von ihm mit verbundenen Augen führen! Sie werden sehen: Wenn Augen und Ohren beim Fühlen und Tasten nicht beteiligt sind, spüren Sie die Natur viel stärker als sonst… Die Haut ist unser größtes Sinnesorgan. Unzählige Nerven leiten äußere Reize wie Kälte oder Wärme, Glattes oder Spitzes, Weiches oder Hartes ans Gehirn weiter. Über die Haut können wir unser Wohlbefinden beeinflussen. Sie brauchen nur Ihre Sinne zu öffnen – genießen Sie!

67

Die Heilkraft der Kräuter

....

Nicht nur Lavendel sollten Sie pflücken

Gerade im August entfalten alle Kräuter ihre intensivste Kraft: Sie blühen und duften betörend und haben zudem noch eine höchst heilende Wirkung auf uns. Deshalb ist es sinnvoll, in diesen Wochen auf Kräutersuche zu gehen, um sie für das ganze Jahr zu trocknen und nutzen zu können. „Die Erde ist gut", so erzählt uns der biblische Schöpfungsbericht. Gott hat seine Freude an den bunten Pflanzen: Er lädt uns ein, ihre Kraft kennenzulernen und darin auf seine Spur zu kommen. Er will, dass wir heil sind an Leib und Seele. Mit Kräutern schenkt Gott uns viele Farben und gute Düfte. Es ist immens, welchen Einfluss diese auf unser Gefühlsleben haben können. Auf die Heilkraft des Himmels zu vertrauen, hilft jedem Menschen: Darum segnen wir die Kräuter. Viel Gesundheit!

Wer loslässt,
wird frei

....

Himmlische Herbstgedanken

68

Riechen Sie den Herbst?
Er ist ganz nah ...

....

Eine Zeit zum „Loslassen"

Haben Sie schon die satten Farben des Spätsommers genossen? Das rotbraune Laub der Bäume, die gelbgoldenen Felder, die moosgrünen Gärten? Ich spüre deutlich: Der Herbst steht vor der Tür. Ich kann ihn riechen ... Und ich weiß: Das Leben ist ein Wechselspiel. Nach dem Sommer stellt sich die Natur aufs Loslassen ein. Dann bereitet sie sich auf den Winter vor. Betrachte ich mein Leben im Spiegel der Natur, so ist es ganz natürlich, dass sich mein Innenleben ebenso dem Wechsel von Erfüllung und Loslassen hingibt. Anders gesagt: Erst wenn ich tief ausatme, kann neuer, frischer Atem in mich einströmen. So spüre ich, dass ich lebe. Haben Sie den Mut, tief zu atmen. Lassen Sie los: „Pusten" Sie den gestrigen Tag, Ihre Sorgen oder auch das Gefühl, im Leben zu kurz gekommen zu sein, einfach heraus. Wenn Sie das schaffen, dann leben Sie im Augenblick, der Sie erfüllt – im Hier und Jetzt!

69

Spaziergang unter
dem Regenbogen

....

Der Herbst ist keine graue Zeit!

Schon als Kind hat mich der Regenbogen verzaubert. Wir Menschen brauchen doch die Farben.
Gelb strahlt Freude aus, Orange ist Lebensenergie,
Rot symbolisiert die Liebe, Grün entspannt, und
Violett steht für Meditation. Wenn ich an einem
Herbsttag spazieren gehe, weiß ich, dass alle Farben
im Licht gegenwärtig sind. Auch an trüben Tagen,
wenn die Sonne kaum mehr Kraft hat, berühren sie
mich. Ich schaue zu den bunten Bäumen auf und
lerne von ihnen, Abschied zu nehmen. Ich spüre
die Kälte der Luft und lerne, meine innere Wärme
zu genießen. Ich rieche die Erde und lerne, das
Leben zu bejahen, es zu pflegen und zu bewahren.
Der Herbst ist gar nicht so grau – sehen Sie es?

70

Tränen können wärmen

....

Über die Kraft, die (sogar) im Weinen steckt

Mit Wärme leben – dieser Werbeslogan ist mir einmal im Allgäu aufgefallen. Eine Firma wirbt für ihre Kachelöfen, die in der Stube des Hauses für wohlige Wärme sorgen. Wir „Warmblüter" brauchen viel Wärme. Wenn wir äußerlich frieren, hilft ein Anorak oder eben ein Kachelofen. Aber was machen wir, wenn wir innerlich frieren? Vielleicht kann eine Träne Wärme spenden. Viele Tränen werden aus Liebe geweint, aus Freude oder Sehnsucht. Mit Tränen können wir Kummer aus den Augen und aus der Seele spülen – wenn unser Vertrauen missbraucht wurde, wenn Pläne zerrannen, wir krank sind oder Schmerzen haben. Vielleicht sind es auch Freudentränen, weil ein ersehnter Brief eingetroffen ist. Ein Sprichwort sagt: „Augen, die das Salz der Tränen geschmeckt haben, sehen tiefer". Tränen können nicht nur die Sinne öffnen, sondern auch erwärmen – und so ein kleiner Speicherofen für trostlose und kalte Tage sein.

71

Eine Brücke zum Leben

....

Wir vergessen sie nicht

Wenn die Tage kürzer werden und die Nacht uns
still und nachdenklich stimmt, bricht in uns die
Sehnsucht nach Wärme und Licht auf. An Allerhei-
ligen und Allerseelen verbindet sich die Hoffnung,
dass es eine Brücke gibt vom Sommer zum Winter,
vom Tag zur Nacht, vom Tod zum Leben, von der
Trauer zur Freude. Im November denken wir in
besonderer Weise an unsere Toten, wir trauern um
sie, vergessen sie nicht. Es ist gut, dass wir in unserem Herzen einen Platz haben für alle Menschen,
ob sie leben oder tot sind. Das ist ein Trost, der das
Herz erwärmt. Und doch spüren wir, dass es nicht
alles ist. Der Trost, den Gott uns spendet, geht
über unser eigenes Herz hinaus. Die Frage bleibt
offen, wie es nach dem Tod weitergeht. Gibt es ein
Wiedersehen? Ist die Brücke vom Tod ins Leben
Wirklichkeit? Von alters her haben wir Menschen
darauf eine Antwort gesucht und suchen sie auch
heute noch. Es bleibt ein Geheimnis des Glaubens.

72

Wer loslässt, wird frei

....

Über die Gabe, allen Dingen Zeit zu geben

Das Geheimnis der Lebenskunst ist die Gelassenheit. Auch wenn der Wortstamm „lassen" uns eher
an eine negative Erfahrung erinnert. Jeder muss
irgendwann los-lassen: zum Beispiel die Jugend,
die Kinder, die Gesundheit. Die Natur erzählt
uns aber auch von einer positiven Erfahrung des
„Loslassens": Im Frühling öffnet sich eine Blüte,
um von Insekten besucht zu werden. Ihre Blät-
ter gehen auseinander, um einer heranreifenden
Frucht Platz zu machen. Im Herbst zieht sich das
Leben wieder nach innen zurück, um die kalte
Jahreszeit zu überstehen. Gut ist: Alles hat seine Zeit. Ich wünsche Ihnen, dass Sie in Zukunft
Gelegenheiten wahrnehmen können, Gelassenheit
als eine bereichernde Erfahrung zu sehen. Denken Sie dabei an mich: Ich weiß, dass ich nicht
ärmer werde, wenn ich etwas verliere. Sondern
ich werde wieder frei sein für etwas Neues.

Eine Sehnsucht
aus Kindertagen

Himmlische Gedanken zur Winterszeit

73
Die Ruhe der Natur

....

Auf die eigene Zeit hören

Im Winter haben wir oft ein ganz anderes Zeit-
empfinden als im Sommer. Die Ruhe der Natur
lädt uns jetzt ein, dem eigenen inneren Zeitmaß
nachzugehen. In erster Linie bestimmt aber nicht
der Kalender mein Leben, sondern meine innere
Uhr: Jeder Mensch hat sein eigenes „Zeitgefühl".
Was ist Zeit? Michael Ende schreibt in seinem
Buch „Momo", dass man die Zeit weder anfassen
noch festhalten kann. Wenn Zeit etwas ist, was
immerzu vorbeigeht, so müsste sie doch auch
von irgendwo herkommen – so wie der Wind
oder eine immerfort erklingende Musik. Man
höre sie deshalb nicht – oder doch, tief im Inneren, als einen Klang von weither. Der Winter
lädt uns ein, diesem Klang nachzuspüren …

74
Eine Zeit der Sehnsucht

....

In unseren Herzen wird es stiller

Wann fängt eigentlich ein Jahr an? „Ist doch klar",
werden Sie sagen: „In der Silvesternacht." Stimmt
ja auch. Aber es gibt noch andere Jahresanfän-
ge. Der Geburtstag eines Menschen. Der erste
Schultag. Der Advent. Mit dem Anzünden des
1. Adventslichtes beginnt die geheimnisvolle Zeit.
In unseren Herzen wird es stiller. In den Häusern
genießen wir die Wärme, wenn es draußen kalt
und ungemütlich ist. Die Adventszeit beschert
uns viel Kerzenlicht – mit Lebkuchen, dem ge-
füllten Stiefel am Nikolaustag und endlich auch
dem Weihnachtsbaum am Heiligen Abend. Sie
ist eine Zeit der Hoffnung – und der Sehnsucht,
die wir schon aus Kindertagen kennen. Ich weiß:
Gott hat uns die Erfüllung unserer Sehnsucht
versprochen. Eine besinnliche und schöne Zeit!

75
Sehnsucht nach Licht

....

Über eine glänzende Adventszeit

„Wenn du glaubst, es geht nicht mehr, kommt von irgendwo ein Lichtlein her" – der Kinderreim hat es in sich. Ja: Es ist schwer, einen lichtlosen Raum zu erleben. In der Dunkelheit geht uns viel durch Kopf und Bauch: Dunkelheit löst Enge, Angst, Beklemmung und Unsicherheit aus. Wenn man aber den Mut aufbringt, die Dunkelheit mal auf sich wirken zu lassen, kann man ihre guten Seiten entdecken. Ich spüre, dass sich in ihr Wärme ausbreitet, dass ich still werde, ganz bei mir bin. Die Dunkelheit macht das Leben auch spannend. In ihr rücken die Menschen enger zusammen – Gemeinschaft entsteht. Ein einziges Streichholz oder eine kleine Kerze vertreibt auf einmal alles Dunkel. Letztlich sehnen wir uns alle nach Licht; auf die Dauer wäre die Dunkelheit tödlich. Wir Menschen sind für das Licht geschaffen. Wir brauchen es nicht nur für unsere Augen, sondern auch für unsere Seele. Ich wünsche Ihnen für die Adventszeit das innere Licht des Friedens, der Wärme und der Stille.

76

Lichtgestalten
an unserer Seite

....

Es müssen nicht Wesen mit Flügeln sein

Engel können Menschen sein wie du und ich.
Und sie können uns begegnen, jeden Tag. „Du bist
ein Engel" – das ist jemand, der mir bei wichtigen
Entscheidungen hilft. „Du bist ein Engel" – das
sagen Liebende einander. „Du bist ein Engel" –
das ist auch ein Mensch, der einem Sterbenden
die Hand streichelt. Wer möchte nicht solchen
Engeln begegnen? Engel sind geheimnisvolle
Gestalten – und doch ganz menschlich. Mit ihnen lernen wir, einander gut zu sein. Und jedes
Mal, wenn ein Engel mein Leben berührt, ist
Weihnachten: ein Moment des Glücks, ein Moment des Himmels. Nehmen Sie die Engel wahr!

77
Ein Päckchen Güte

....

Warum Geschenke einen Sinn haben

Vor allem an Weihnachten üben wir die Kunst des Schenkens. Damit zeigen wir einem anderen Menschen: „Du bist mir nicht gleichgültig." Und: „Du bist mir viel wert." Wer beschenkt wird, übt hingegen die Kunst des Annehmens. Er antwortet dem Gebenden mit einem dankbaren Lächeln. Wichtig: Niemand ist zu arm, um etwas zu verschenken. Oder aber zu reich, um das Geschenk eines anderen (das von Herzen kommt) nicht anzunehmen. Wenn wir etwas geben, tun wir Göttliches. Gott gibt uns seine Liebe unerwartet und macht uns damit reich. Mein Weihnachtswunsch an Sie: ein Päckchen, in dem Vertrauen liegt, damit Sie in dem Flimmer und Glimmer dieser Weihnachtszeit etwas finden, was für Ihr Herz bestimmt ist. Und ein Päckchen Güte, das sie weitergeben können.

78

Stark wie ein Baum

....

Warum Rituale unsere Herzen berühren

Weihnachten ist ein tolles Fest. Da gibt es für den
Geruchs- und Geschmackssinn viel Verführeri-
sches: Zimt und Bienenwachsduft strömen durch
Wohnungen. Lichterketten und bunte Kugeln
zaubern Märchenstimmung. Der Höhepunkt ist
wohl das Aufstellen und Schmücken des Weih-
nachtsbaumes. Früher taten das – in geheimer
Aktion – Vater und Mutter in der „Christkindl-
stube". Mit leuchtenden Augen bewunderten die
Kinder am Morgen das prachtvolle Gewächs. Ich
finde es schön, dass es diese Rituale noch gibt. Es
sind Gesten, die unsere Herzen berühren. Rainer
Maria Rilke schrieb: „Die Bäume leuchten. Sie
spiegeln die Sternfeuer des Himmels, als kämen die
Gestirne auf die Erde herab. Und wir wissen: So
können wir stehen. Aufrecht, voll Licht und bestän-
diger Kraft". Ein schöner Gedanke fürs Fest, oder?

79
Ein Lied aus Kindertagen

....

Dem Leben eine neue Chance geben

„Alle Jahre wieder…" so heißt es in einem Weih-
nachtslied, das sich bei mir seit meiner Kindheit
ganz tief eingeprägt hat. Wir Menschen haben
die Sehnsucht, immer wieder an Urerfahrungen
anzuknüpfen. Deswegen singen wir an Weihnachten gern Lieder, die uns an früher erinnern.
Weihnachten ist für mich das Fest dieser Urer-
fahrung. Dazu zählt die Geborgenheit im Mut-
terschoß. Das Getragensein und Gehaltensein
von den Kräften der Liebe und des Vertrauens.
Gott hat mit meinem Leben einen Anfang gemacht. Er hat mit der Erde einen Anfang gemacht.
Diesen Anfang immer wieder neu zu erleben
und damit dem Leben wieder eine neue Chance
zu geben – das ist Weihnachten. Frohes Fest!

80

Noch ist der Kalender
so schön weiß

....

Gedanken zum Jahreswechsel

Zwei Dinge genieße ich rund um Silvester sehr.
Zum einen fühlt sich diese Zeit immer etwas wie
ein Geburtstag an. Sie erinnert mich daran, dass
jeder Tag einmalig ist, sich nicht wiederholt. Und
sie erinnert mich, wem ich mein Dasein verdan-
ke: zuallererst meinen Eltern. Vielleicht werde ich
einmal Blumen kaufen und ihnen Danke sagen …
Was mir aber auch gefällt: Das neue Jahr ist noch
so unbefleckt. Kein Mensch weiß, wie es wird,
wie sich die Tage füllen werden. Wir sind auf der
Suche nach einem roten Faden, der Halt gibt und
etwas Sicherheit für unsichere Zeiten. Ein roter
Faden, der sich durch die vielen Seiten im Termin-
kalender zieht, die noch so blütenweiß und rein
sind. Ich ermutige Sie, diesen roten Faden jetzt
zu suchen – wie einen Weg, der auf keiner Karte
verzeichnet ist. Täglich neu die Tür des Herzens
öffnen und der eigenen Sehnsucht trauen – das
könnte ein Motto für das kommende Jahr werden.

81

Der innere Schweinehund

....

Probleme mit Neujahrsvorsätzen

Gewiss sind Sie mit mindestens einem Vorsatz
ins neue Jahr gestartet, oder? Vielleicht war es der
Wille, etwas für die Gesundheit zu tun, zum Beispiel wenigstens einmal am Tag aus dem Haus zu
treten, sich sportlich zu betätigen und den inneren
Schweinehund der Bequemlichkeit zu besiegen?
Und dann kommt die Erfahrung des grauen Alltags
– die Ernüchterung! Der innere Schweinehund ist
doch nicht so leicht kleinzukriegen … Auch ich
werde erfinderisch, wenn es um Ausreden geht,
die mein Gewissen beruhigen. Und schon bin ich
wieder in der alten Spur. Die Träume scheinen
verloren, die Faszination des Anfangs verflogen.
Was übrig bleibt, ist die Sehnsucht nach dem
Anfang – aber das ist schon sehr viel! Denn um
die Vorsätze lebendig zu halten, muss man weiter
träumen. Die Träume sind ein Heiligtum, es lohnt
sich, sie wachzuhalten. Ich wünsche Ihnen, dass
Sie Ihren Träumen treu bleiben. Es lohnt sich!

Die Kraft
der Stille

·····························

Himmlische Gedanken für die Seele

82

Quellen innerer Kraft

....

Wer der Stille zuhört, findet zu sich selbst

Auf der Parkbank sitzen und dem Sonnenunter-
gang zuschauen – das ist wie Urlaub. Lauschen
Sie den Geräuschen: Quellwasser tropft, ein Vogel
singt, der Kies vor Ihren Füßen knirscht, sobald
sich jemand nähert. Stille zu erleben wird immer
schwieriger, vor allem in der Großstadt. Aber:
Wer die Stille hört, entdeckt die inneren Quel-
len bei sich. Er kann wieder Kraft schöpfen, zu
sich selbst finden und ruhig werden. Gleichzeitig
wird man in der Stille offen für die Gegenwart.
Wenn ich meine Klangschale zum Klingen bringe, staune ich, wie lange der Ton zu hören ist. Ich
kann mich dem Ton überlassen. Aber auch vor
einer Blume, einem Schmetterling oder den Wolken kann ich meine innere Quelle zum Sprudeln
bringen. Stille ist eine Frage des Herzens. Sie ist
das Kraftwerk in mir. Genießen Sie die Stille!

83

Die Kraft der Stille

....

Auch mal gar nichts hören

Ich verbringe freie Tage gern in den Bergen. Ich genieße es, in der Einsamkeit beim Picknick die Stille einzuatmen, mich von ihr tragen zu lassen. Gern suche ich mir ein windstilles Plätzchen, an dem kein Laut zu hören ist. Ich schmecke das Brot, genieße den Frieden und die Kraft der Stille. Wie erstaunlich, wenn dann plötzlich ein Stein ins Rollen kommt und selbst die kleine Bewegung zu hören ist. Stille ist für mich wie eine Tür zu mir selbst. Ich komme dabei mit mir in Kontakt, lerne meine innere Welt kennen. Wenn ich um mich und meine inneren Schätze weiß, kann ich mich respektieren und lieben. Stille kann mich tragen – bei Waldspaziergängen oder in einer schlaflosen Nacht. Ich nutze solche Ruhepausen, um mein „Stillekonto" aufzuladen. In hektischen Tagen schöpfe ich daraus. Ich wünsche Ihnen, dass Sie die Stille positiv erleben dürfen.

84

Das Staunen mit in den Alltag nehmen

....

Die kleinen Wunder intensiv wahrnehmen

Abgestumpft für die vielen kleinen Wunder des Alltags und die Schönheit der Natur leben wir unerfüllt vor uns hin und schimpfen über unsere Mitmenschen. „Mich wundert gar nichts mehr" – häufig geht uns dieses Sprichwort über die Lippen, wenn wir innerlich ausgebrannt sind. Ich frage mich: Warum sind die Menschen und Dinge um uns herum nie gut und wertvoll genug, um von uns bewundert zu werden? Warum haben wir an allem etwas auszusetzen? Wir kritisieren lieber, als dass wir loben und staunen. Dabei ist es so einfach, die kleinen Wunder und dabei die Spuren Gottes zu entdecken. In meinem Urlaub habe ich die Alpen bewundert: Ich war beim Wandern in den Schweizer Bergen. Das Staunen fällt mir dabei so leicht wie einem Kind. Ich möchte dieses Staunen mit in den Alltag nehmen – Sie sollten das auch tun.

85

Mit den Augen
spazieren gehen

....

Beim Laufen in der Natur entsteht eine eigene Welt

Spazieren gehen ohne bestimmtes Ziel, ohne
Zeitdruck… So kann der Atem fließen, und die
Augen schauen neugierig in die Welt. Manchmal bleibe ich dann stehen, bewundere die vielen
kleinen Dinge am Weg. Mit jedem Schritt werde
ich lockerer, offener, und ich fühle mich als Teil
der Schöpfung. Es gibt das Gehen des Auges. Ich
staune, was der Sehsinn alles kann. Kein Wunder,
spricht man auch vom „sehenden Herzen", oder
wie die Erfahrung sagt: das „gehende Auge". In der
traditionellen Gebetsschule haben Mönche schon
immer im Gehen gebetet oder meditiert. Es ist, als
würden nicht nur die Füße laufen, sondern mit dem
Gehen eine ganz neue Welt entstehen: tief drinnen
im Herzen. Probieren Sie doch mal, Ihre Lieblingslandschaft zu spüren und den Frühling zu atmen…

86

Den Tag vor dem Abend loben

....

Mit guten Gedanken in den Morgen starten

Mit dem Beginn eines neuen Tages werden auch seine Herausforderungen wach. Sofort regen sich Gedanken, die uns ängstigen, belasten und uns „verstimmen". Da ist es wichtig, unsere Gedanken auf eine positive Spur zu bringen. Was wir im Auge haben, prägt uns, dahin werden wir verwandelt. Der Priester und Schriftsteller Heinrich Spaemann drückt es so aus: „Wir kommen, wohin wir schauen." Wir Menschen tragen in uns viele Bilder. Ich kann in einem Moment der Stille auf meinen inneren Reichtum zurückgreifen. Vielleicht nehme ich bewusst den Sonnenaufgang wahr, das Frohlocken der Vögel, das Bild eines Baumes. Der christliche Glaube empfiehlt, Gott bereits am Morgen zu loben. Den Tag mit einem guten Gedanken, mit einem Kreuzzeichen, mit einem Segensgebet zu starten. So beginnt das Vertrauen in einen guten Gott und in das Leben.

87

Mit offenen Augen

....

Dankbar den Tag beschließen

Wenn wir das Leben nicht als Geschenk betrachten, dann wird es anstrengend und mühsam. Wo die Liebe rechnet, stirbt sie. Wir können unseren Tag einteilen, strukturieren, berechnen und abrechnen. Aber das Eigentliche im Leben können wir nicht einplanen, einfordern und erzwingen. Wir brauchen nur mit offenen Sinnen durch die Welt zu gehen, und Dankbarkeit wird uns beinahe überwältigen. Wenn ich mit dankbaren Augen und dankbarem Herzen auf mein Leben schauen lerne, bleibe ich innerlich lebendig. Es ist ein gutes Ritual, am Abend nach Gründen zur Dankbarkeit zu schauen. Lebensmut wächst uns zu, und die sogenannten Kleinigkeiten des Lebens bekommen ein ganz anderes Gewicht. Übrigens: Dankbarkeit kann man lernen. Es lohnt sich.

88

Schlafen ist mehr als ein Hobby

....

Neue Kraft für den Tag

Das Schlafen bringt Träume – die führen uns an geheimnisvolle Orte, wo Erholung wartet. Wenn Ängste, Sorgen und Unruhe auftauchen, ist Schlaf wie eine Zufluchtsstätte. Morgens aufstehen und neue Kraft spüren, das ist wie ein Neuanfang. Der Schlaf ist, als hätte man das Buch des heutigen Tages fertig gelesen, schließt es liebevoll und legt es in ruhiger Gelassenheit aus der Hand. Die Bibel rät uns, nicht ängstlich für morgen zu sorgen. Wie recht sie hat! Der Schriftsteller Charles Péguy schreibt in „Schweigen des Lichtes": „Überlasst dem Morgen das Schluchzen, das euch erstickt. Selig, wer sich überlässt." Das heißt selig, wer hofft. Und wer schläft. Schlaf ist mehr als ein Hobby – er bietet alles, was nötig ist zum Aufstehen und Neuanfang.

89

Holen Sie am Wochenende mal tief Luft

....

Warum der „Tag des Herrn" so wichtig für uns ist

Der Sonntag soll ein Tag der Erleichterung sein
– ein Tag zum Durchatmen. Denn Atmen ist
nicht nur eine körperliche und lebensnotwendige
Aktivität. Es ist auch ein Spiegel unserer Seele.
Wenn wir Angst, Druck, Hetze oder Aufregung
erleben, schnappen wir nach Luft. Richtiges, tiefes
Ein- und Ausatmen dagegen löst innere Verspan-
nungen und Blockaden. Es nimmt die Enge und
öffnet unseren Geist für neue Ideen, mehr Kraft
und lebhafte Leidenschaft. Nutzen Sie den Sonntag darum als einen Tag, an dem Sie bewusst
befreit aufatmen können. Schalten Sie Stress
ab und schieben Sie die Sorgen beiseite. Öffnen
wir unser Leben für den Atem der Schöpfung –
für Gottes Atem. Ein schönes Wochenende!

90
Warum wir den Sonntag brauchen

....

Ein besonderer Tag

Sie kennen das bestimmt: Sie liegen nachts wach im Bett und können nicht schlafen. Wie eine Erlösung geht dann endlich die Sonne auf und kündigt den neuen Morgen an. Jeder Sonnenaufgang ist ein Geschenk. Er wirkt wie ein Wunder: Jetzt hat die Dunkelheit nichts mehr zu sagen, das Licht schwingt sich durch den Tag, durch meine Glieder, durch den Kopf, meine Gedanken, meine Gefühle. Er bringt mein inneres Lied zum Klingen. Ein sonniger Tag ist wie ein Sonntag. Die Bibel bezeichnet den Sonntag als heiligen Tag. Vielleicht ist er so gut, weil er so ganz anders ist als die anderen Tage. Kein (Freizeit-)Stress, kein Einkaufsrummel, kein Lärm. Dafür Zeit für mich selbst, für die Familie, für Freunde. Etwas Besonderes darf er schon sein, der Sonntag. Ich wünsche Ihnen, dass Sie Ihr Leben an diesem Tag ganz bewusst genießen können.

91

Sensibel
für die innere Stimme

....

Über die Kraft dessen, was wir
nicht sehen können

Soll ich an Engel glauben? Engel haben Hochkon-
junktur. In der Bibel wird oft von ihnen erzählt.
Aber offen gestanden: Ich selbst habe noch nie
einen Engel gesehen. Manchmal kommt schon
die Frage hoch: Gibt es sie überhaupt? Vielleicht
ist es genug, dass ich offenlassen kann, dass es
etwas gibt zwischen Himmel und Erde. Und
dass ich, wenn ich wach und behutsam bin, eine
Stimme hören kann, die mir sagt, was ich gerade in diesem Augenblick tun soll. Maria zum
Beispiel hörte eine solche Stimme vor ihrer
Empfängnis – und antwortete: Ja. Und danach
begann Gottes Sohn in ihr zu leben. Wenn ich
sensibel bin für die innere Stimme, dann kann
in unserem Leben etwas Neues wachsen. Vielleicht in einer neuen Fähigkeit, Leises zu hören
oder in einer neuen Achtsamkeit auf verborgene
Dinge. Engel gehören mit Sicherheit auch dazu.

92

Hat das Leben einen Sinn?

....

Es ist die Liebe, die unser Leben so lebenswert macht

Hat das Leben einen Sinn? Diese Frage stellt sich an irgendeinem Punkt des Lebens jeder einmal. Vor allem, wenn er in der Mühle des Alltags feststeckt und sich abends erschöpft fragt: „Kann das denn wirklich alles sein?" Gute Antworten darauf zu finden ist häufig schwierig. Jeder hat so eine eigene Meinung. So wie der Physiker Albert Einstein. Er sagte: „Wer sein eigenes Leben und das seiner Mitmenschen als sinnlos empfindet, der ist nicht nur sehr unglücklich, sondern kaum lebensfähig." Wenn einen die Sinne täuschen – und das passiert immer wieder –, bleibt die Frage nach dem „Warum" häufig offen. Für mich liegt die Antwort klar in der Religion. Ich weiß: Alles Leben kommt aus dem Schoß der Liebe, den ich Gott nenne. In der Liebe findet alles Geschaffene eine Heimat – und damit auch einen tiefen Sinn. Ich wünsche Ihnen, dass Sie auch für sich eine gute Antwort auf die Sinn-Frage finden können.

Keine Angst vor dem Älterwerden!

Himmlische Gedanken zur Gelassenheit

93
Über einen wahren Jungbrunnen

....

Intensiv erlebte Zeit ist doppelte Zeit

„Festina lente" hieß es in der Antike, „eile langsam". Heute scheint diese Lebensweise nicht mehr
zu gelten. Schnelligkeit ist gefragt! Und es ist
erschreckend zu sehen, wie die Zeit verrinnt. Ehe
man sich versieht, ist wieder ein Jahr um. Und es
fühlt sich an, als vergingen sie immer schneller.
Seit meinem 40. Geburtstag ist mir klar geworden,
dass mein Morgen kürzer ist als mein Gestern.
Wie gelingt es mir, Zeit zu finden, mir Zeit zu
lassen, mir Zeit zu gönnen? Auch wenn ich mein
Leben nicht verlängern kann, ich kann es vertie-
fen. Nehmen Sie sich Zeit, um Dinge genau zu
betrachten, zu hören, zu riechen und zu schmecken. Einfach die Sinne benutzen, dann hat man
das Gefühl, die Zeit zu verdoppeln. Ich wünsche
Ihnen viele erfüllte Momente, in denen Sie Ihre Zeit
bewusst und mit allen Sinnen genießen können.

94
Nahrung für die Seele

....

Der Schatz der Erinnerungen

Reinen Tisch zu machen ist befreiend. Wir atmen auf, wenn eine Angelegenheit geklärt ist. Der Tisch ist uns nicht nur als Ort des Essens, sondern auch des Gesprächs und der Arbeit vertraut. Oft sind unsere Tische reich gedeckt. Wir genießen Gastfreundschaft, teilen Leben, Essen, Freude, Leid. Dabei brauchen wir nicht nur etwas für unseren Gaumen, sondern auch gute Worte. Mir fällt die Geschichte von der Maus Frederick ein, die im Sommer Geheimnisvolles sammelt, während die Freunde arbeiten. „Was tust du, wenn du nichts tust?" – die kluge Antwort von Frederick: „Ich sammle Worte, Sonne, Farben für die dunklen Tage." Als es dann Winter wird, entdeckt die Mäusefamilie den Schatz, den Frederick mit ihnen teilt: bunte Erinnerungen an Sonnenstrahlen, Glück und gute Worte. Ich wünsche Ihnen, dass Sie immer einen gedeckten Tisch finden, reich an Nahrung für den Leib und an guten Erinnerungen.

95
Gönne dich dir selbst

....

Es tut gut, einmal nur an sich zu denken

„Alles logisch" – so höre ich manchmal junge Leute
ganz salopp reden und kann sie in diesem Moment
gut verstehen. Menschen suchen das Logische, das
wir vorhersagen und bestimmen können. Wenn
ich in mein Leben schaue, suche ich auch Logik.
Ich verbinde sie mit Sicherheit, mit Regeln und
Ordnung. Der heilige Bernhard hat seinen Brüdern
ein paar Lebensweisheiten mitgegeben, die über
Jahrhunderte ihre Gültigkeit bewahrt haben. Da
heißt es zum Beispiel: „Es ist gut und tut gut, auch
für sich selbst ein aufmerksames Herz zu haben. Es
ist und tut gut, auch sich selbst Aufmerksamkeit
zu schenken. Es ist und tut gut, sich selbst nicht
fremd zu sein. Es ist und tut gut, auch zu sich selbst
gut zu sein. Es ist und tut gut, auch für sich selbst
da zu sein." Nicht nur an andere denken, sondern
auch an mich. „Gönne dich dir selbst" – diese
Lebenslogik könnte heute über meinem Tag stehen.

96

Ich möchte ungewöhnlich sein

....

Über Augenblicke,
die man ganz tief in sich spüren kann

Unter Freunden haben wir uns neulich darüber unterhalten, wie sich die Zeiten geändert haben: Männer arbeiten inzwischen fleißig im Haushalt mit, Frauen machen Karriere im Beruf. Es ist normal geworden, sich für eine bestimmte Lebenssituation zu entscheiden. Devise: Nicht zu weit nach vorne schauen, und erst recht nicht rückwärts. Es hat Spaß gemacht, unsere Gesellschaft in eine Schublade zu stecken und sie als „ganz normal" zu bezeichnen. Gleichzeitig haben wir gemerkt, dass das Gewöhnliche uns nicht glücklich macht. Es kommt im Alltag von außen auf uns zu, und es ist meist nicht spontan, sondern berechenbar. Das Glück hingegen steckt tief in mir. Es ist nicht nur ein Gefühl, sondern ein Augenblick. Und im Augenblick liegt Ewigkeit. Ich wünsche mir in meinem gewöhnlichen Alltag immer wieder Glücksmomente, die unnormal sind: Ein bisschen Himmel auf Erden…

97

Selbstermunterung

....

Was ich von mir selbst erwarte

Der Schriftsteller Erwin Strittmatter erzählte
einmal von sich, in der Jugend habe er etwas vom
Leben erwartet, in der Gegenwart nur noch von
sich selbst – und wenn er nichts mehr zu erwarten
habe, dann sei er wohl tot, selbst wenn er noch
leben sollte. Diese Betrachtung hat mich angerührt
und stutzig gemacht. Was erwarte ich eigentlich
vom Leben? Von meinen Mitmenschen, von mir
selbst? Diese Frage zu stellen ist nicht selbstverständlich und erfordert Ehrlichkeit. Ich nehme
mir beispielsweise vor, nicht nur oberflächlich
hinzugucken, sondern Zusammenhänge zu sehen.
Warum ist mein Partner gerade so, wie er ist? Habe
ich den Mut, nicht alles nur von meinem Partner
zu erwarten, sondern das Leben selbst in die Hand
zu nehmen und was daraus zu machen? Wenn
ich solche Fragen zulasse, kann ich tiefer schauen,
vielleicht sogar ins Herz! Denn es ist tatsächlich
so: Meine Lebensqualität hängt nicht nur von
anderen ab – sondern zutiefst von mir selbst.

98

Von Kindern lernen

....

Mehr als Zweck und Leistung

Erich Kästner sagt in seiner Ansprache zum Schul-
beginn: „Nur wer erwachsen wird und Kind bleibt,
ist ein Mensch!" Ich finde es spannend, mitten im
Alltag einfach mal die Perspektive zu wechseln und
die Welt mit den Augen des Kindes zu sehen …
Kinder sind spontan und auf alle Fälle mutig. Sie
wollen Grenzen erkennen, indem sie Grenzen erfahren. Wir Erwachsene können von ihnen lernen.
Einfach mal wieder wie ein Kind träumen, angst-
frei leben, neugierig sein. Wer sich „sein Kind" im
Inneren bewahren kann, der kann auch mal ganz
absichtslos leben und muss nicht ständig nach
Zweck und Leistung fragen. Ich wünsche Ihnen
viele spielerische Erfahrungen, die Freude machen!

99
Im Schneckentempo

....

Von der Kunst der Gelassenheit

Langsam vorwärtskommen, das ist heutzutage im Alltag ganz schön hinderlich. Auf der Autobahn hat eine Schnecke keine Überlebenschance. Wissen Sie was? Wenn ich Weinbergschnecken beobachte, dann bin ich ganz fasziniert: Sie überlassen die Eile, das Hasten, die Hektik nämlich den Menschen. Mit Langsamkeit und Bedächtigkeit kommt man bekanntlich auch ans Ziel, man darf sich nur nicht um den Spott der Menschen kümmern. Mit den Fühlern sich zu allen Fragen vortasten, jeden Schrei hören, das Schöne und auch die Not sehen, mit dem Schneckenhaus bei sich selbst und in der Welt zu Hause sein. Das ist etwas sehr Wertvolles. Wir erlauben es uns nur kaum noch. Haben Sie Mut: Entschleunigen und bewusst genießen.

100

Der Schlussgedanke

....

Zahlen sind nicht nur mathematische und abstrakte Größen, vor denen wir uns manchmal als Laien auch fürchten. Nein – Zahlen sind auch Symbole, die einen bestimmten Charakter in sich tragen und der Welt eine Ordnung geben. Hugo Kükelhaus, ein Pädagoge, der bei Maria Montessori in die Schule ging, sagt dazu: „Die Zahlen, die dem Leben Maß geben, sind Urbilder und Urgebärden. Nur wer die Harmoniegesetze erkennt, kann richtig urteilen und handeln. Ohne sie ist keine Ordnung möglich." In der Zahl Zwei bricht die Einheit ent-zwei. Dieser Bruch ist das Zeichen der Welt, von der die Bibel berichtet: Gott schuf die Welt, indem er Licht und Dunkel, Tag und Nacht, Oben und Unten, Himmel und Erde scheidet. In der Drei kommt zur Paarung der Zwei das „Kind" dazu, im Gottesbild der Dreifaltigkeit zum Vater der Sohn und der Heilige Geist („Mutter"). Das Zweierpaar kommt in Bewegung. Die Vier ist die Zahl der Erde: vier Himmelsrichtungen, vier Jahreszeiten. Ordnung in Raum und Zeit.

Und die Hundert? Der 17. Buchstabe des griechischen Alphabets, das „Rho", hat den Zahlenwert von Hundert. Zugleich bedeutet das Wort „Rho" auf deutsch: „fließen", „aspirieren", „atmen". Es steckt also ganz viel Energie, Verwandlungskraft und Atem in dieser Zahl 100! So darf ich Sie mit dieser Betrachtung einladen, diesen 100sten Text nicht als Ende eines Buches zu verstehen, sondern als Herausforderung für Eigeninitiative. Die nächste Seite ist für Sie reserviert. Sie tragen den Himmel in sich, schreiben Sie mit ihren Erfahrungen und Erlebnissen dieses Buch weiter! Es lohnt sich, dem Himmel auf Erden einen Platz zu sichern.

Meine
freie Seite

....

Schwester Gisela

Geboren 1963, Franziskanerin von Reute.
Ausbildung zur Erzieherin und Gemeindere-
ferentin, Leiterin der „Sinn-Welt" im Jordanbad in Biberach (www.jordanbad.de).
Die „Sinn-Welt Jordanbad" ist ein (Er-)Lebens-
parcours für die Sinne und die Seele
(www.sinn-welt.info).
Die „Sinn-Welt" lädt auf 1500 Quadratmetern
und an 100 Stationen zum Sehen, Hören, Riechen und Fühlen ein. Hier lässt sich etliches
entdecken: einen Granitstein zum Klingen bringen, in einer Pirouette die innere Mitte spüren,
in einer Camera obscura die Welt auf dem Kopf
stehen sehen … die innere Balance finden.
Seit mehreren Jahren schreibt Schwester Gisela in
der Zeitschrift „FRAU von HEUTE" die Kolum-
ne „Himmlische Gedanken". Aus diesen Texten
wurde der vorliegende Band zusammengestellt.

© Verlag Herder GmbH, Freiburg im Breisgau 2010
Alle Rechte vorbehalten
www.herder.de

Umschlagmotiv und alle Fotos von Schwester Gisela:
© Christian Hass

Fotos im Innenteil:
© photocase: S. 10: daniel.schoenen; S. 32: steko7; S. 46: vandalay;
S. 64: TheGRischun; S. 78: nurmalso; S. 92: bit.it; S. 112: korffi;
S. 126: schachspieler
© ingrampublishing: S. 100
Wolkencollagen: Weiß-Freiburg GmbH unter Verwendung von Fotos
von © istockphoto.com

Gesamtgestaltung:
Weiß-Freiburg GmbH – Graphik & Buchgestaltung

Herstellung:
fgb · freiburger graphische betriebe
www.fgb.de

Gedruckt auf umweltfreundlichem,
chlorfrei gebleichtem Papier
Printed in Germany

ISBN 978-3-451-32507-6